VIDOCQ

CE LIVRE, LE PREMIER DE LA COLLECTION,
A ÉTÉ ACHEVÉ D'IMPRIMER LE
25 OCTOBRE 1928 SUR LES PRESSES
DE BERGER-LEVRAULT, A NANCY.
IL A ÉTÉ TIRÉ 500 EXEMPLAIRES SUR
PUR FIL LAFUMA NUMÉROTÉS DE I A 500,
CONSTITUANT L'ÉDITION ORIGINALE.

les
grandes vies
aventureuses

VIDOCQ

Par

Henry JAGOT

———

Avec un portrait

———

PARIS
Éditions Berger-Levrault
1928

PREMIÈRE PARTIE

LES ANNÉES AVENTUREUSES

I

Ce grand garçon blond, qui s'en va porter du pain à travers les rues d'Arras, est la terreur de son quartier. C'est le fils de Vidocq, le boulanger de la Place d'Armes, sur laquelle il passe le meilleur de son temps à se quereller avec un tas de mauvais drôles. Volontiers, il se bat, et sa force le rend redoutable. Il désole sa famille et les corrections qu'il reçoit de son père ne le corrigent pas. D'ailleurs, il trouve du secours auprès de sa mère, dont il est la faiblesse, et qui parvient presque toujours à calmer la colère paternelle, provoquée par les méfaits incessants du polisson, qui vole des pains, pour les vendre en cachette, ou dépense avec ses compagnons habituels l'argent reçu des clients.

On prévoit qu'il ne fera rien de bon, et l'on se

souvient qu'une vieille femme, qui se mêle de prédire l'avenir, a déclaré, lors de sa naissance survenue le 23 juillet 1775, par une nuit d'orage, que sa vie serait remplie d'aventures extraordinaires. Les gens hochent la tête et pensent que ces aventures pourraient bien se terminer au bout d'une corde.

Ce n'est pourtant pas qu'Eugène-François soit méchant. Il n'est même pas insensible aux remontrances, lorsque celles-ci lui sont faites avec douceur, tout au moins sans aigreur. C'est ainsi qu'il a baissé la tête avec confusion, certain jour qu'un jeune homme au maintien un peu froid, un peu sévère, aux lèvres minces, au regard que l'on supporte malaisément, lui a conseillé de se mieux conduire, s'il ne voulait pas mal finir. Mais, en vraie tête folle qu'il était, une heure après il avait perdu le souvenir de l'admonestation de ce voisin, M. de Robespierre, qui, pour son compte, ne paraissait pas alors destiné à faire grand bruit en ce monde, et semblait promis, au contraire, à une existence paisible dans le calme d'une ville de province.

Oublieux de la leçon et du pronostic, Eugène-François continue à s'amuser, à se quereller, à se battre. Entre temps, il s'est fait des amis dans la garnison. On lui apprend à se servir du fleuret, et c'est un jeu auquel il ne tarde pas à être de première force.

Tout se sait, dans cette petite ville d'Arras, et les fillettes commencent à s'occuper avec complaisance de ce garçon déluré, qui n'a pas froid aux yeux, leur fait la cour, et, galant, leur prodigue de menus cadeaux payés avec les pièces de monnaie qu'il extrait du tiroir paternel, à l'aide d'une plume de corbeau enduite de glu.

Les résultats sont minces, ce qui n'empêche pas son père de le faire enfermer pendant dix jours dans un cachot de la prison. Il en sort plus humilié que repentant. Aussi n'hésite-t-il pas, sur le conseil d'un camarade, à profiter de l'absence de ses parents pour ouvrir le fameux tiroir à l'aide d'une fausse clef. Il y prend deux mille francs, en donne la moitié à son complice, et se hâte de quitter Arras, filant vers Lens.

Ce sont les années aventureuses qui s'ouvrent. Peut-être, en passant devant la maison de M. de Robespierre, le fugitif s'est-il souvenu du petit discours de ce dernier. Il ne s'en est point inquiété. Tout lui paraît beau. Il a de vastes projets en tête et beaucoup d'écus en poche.

De vastes projets? A vrai dire, ce ne sont que des idées qui grouillent confusément dans son cerveau. Il a l'intention de s'embarquer à Dunkerque pour l'Amérique, mais il ignore ce qu'il fera là-bas. Cela ne le trouble guère. L'important, c'est de partir, de mettre l'Océan entre lui et la boutique de la Place d'Armes d'Arras, où le père tempête, où la mère pleure. Il abandonne sa première pensée, qui avait été de visiter Lille, dont il a toujours entendu parler ainsi que d'une ville merveilleuse, et, montant tout droit, il gagne Dunkerque.

Pas de navire en partance. Il va à Calais. Là, on lui demande les quatre cinquièmes de son argent pour le voyage. L'énormité du chiffre le fait reculer. Supposant qu'il trouvera de meilleures conditions à Ostende, il s'y rend. A peine arrivé, il tombe dans les filets d'un malandrin qui, en lui prodiguant les compliments et les promesses, l'entraîne à Blankemberg, le conduit dans une maison louche, rendez-vous de joueurs et de femmes de mauvaise vie. Il soupe, il joue, il boit, il s'enivre. Le lendemain, il s'éveille en plein air, à peine vêtu, et n'ayant plus que quelques sous. Tout le reste lui a été volé. L'aventure débute mal. La suite vaudra-t-elle mieux? Dans tous les cas, il est impossible, au moins pour le moment, de retourner à Arras. Il faut essayer de retomber sur ses pieds. C'est un exercice qu'Eugène-François exécutera souvent et presque toujours avec succès.

Pourtant, il a l'oreille basse et la mine peu fière, tandis qu'il se promène mélancoliquement dans Ostende, guignant les bateaux du coin de l'œil et songeant à s'engager, quoique le métier soit rude et mal payé. Mais voici qu'un bruit de grosse caisse et de cuivres enroués frappe son oreille. C'est la parade du célèbre Comus qui bat son plein, et la foule s'empresse autour des tréteaux du « premier physicien de l'univers », de qui la renommée s'est perpétuée durant longtemps, car j'ai connu des vieillards qui parlaient de Comus avec admiration, d'après ce qu'ils en avaient appris dans leur jeunesse.

Quand on ne sait que devenir, on s'arrête au premier parti qui se présente. Le jeune Vidocq, sous les auspices du paillasse, gagné par l'offre d'un verre de genièvre, aborde Comus, homme peu commode, lequel, l'ayant toisé, l'engage aussitôt, lui promettant le plus bel avenir dans la *banque*, mais lui faisant avant tout allumer les lampions, balayer la salle et nettoyer les cages des singes.

Ce n'était pas là une situation brillante. Nourri de vieilles croûtes et de quelques rogatons, l'apprenti banquiste, roué de coups à l'occasion, s'efforçait de prendre patience. Où aller, d'ailleurs? Il n'avait pas un sou, et ses habits, jadis propres et convenables, n'étaient plus que des loques graisseuses. Aucun sort, évidemment, ne pouvait être plus misérable que le sien. Enfin, un beau jour, ou plutôt un vilain jour, Comus lui annonça qu'on allait faire de lui un sauteur. Passant sous les ordres de l'acrobate de la troupe, Eugène-François doit risquer le saut périlleux, voltiger dans l'espace, faire le grand écart. Mauvais élève, il ne montre que de piètres dispositions, ce qui lui vaut de multiples bâtonnades. Ses progrès demeurent nuls. En conséquence, il est décidé qu'il deviendra un homme sauvage, mangeant des volailles vivantes et se régalant avec des cailloux.

C'en est trop! Le pauvre diable se sauve. Un montreur de marionnettes le recueille et le traite bien. Par malheur, ce successeur de Jean Brioché est fort laid, alors que sa femme, toute jeunette, est fort jolie. De son côté, Vidocq est beau garçon. Les cœurs parlent, et, pendant une représentation, une marionnette tardant à venir, le mari se retourne, surprend un baiser et commence par crever un œil à sa femme. On ne sait pas ce qu'il aurait fait à Eugène-François, si celui-ci n'avait pas pris le parti de détaler, bien décidé, cette fois, à revenir chez ses parents. Seulement, il ne possédait pas un liard, et la route était longue.

Par bonheur, un certain Godard, vieil empirique courant les foires et les marchés avec des poudres, des onguents, des élixirs pour toutes les maladies, et qui devait partir pour Lille, avait été abandonné par son pitre. Il offre à Vidocq, qui l'accepte, l'emploi vacant, et c'est en cette noble qualité que le fils du boulanger d'Arras fait, peu de temps après, son entrée dans la capitale des Flandres, non sans avoir porté, tout le long du chemin, les bagages de son nouveau patron.

Cette première série d'avatars touchait à sa fin. Eugène-François, qui n'avait pas voulu être homme sauvage à Ostende, se refusa à faire le pitre à dix lieues de sa ville natale et abandonna le père Godard pour retourner chez lui. Point n'est besoin de dire qu'il n'entreprit point ce voyage sans quelques appréhensions. Il savait bien que sa trop indulgente mère n'hésiterait pas à lui ouvrir ses bras, mais il était moins rassuré, en ce qui concernait son père, qui devait avoir sur le cœur la disparition de ses deux mille francs.

La chance voulut que le boulanger fût absent, lorsque le fils fugitif se présenta au logis. Il y eut des prières, des larmes, des serments de se montrer désormais soumis, sage et rangé. La mère fut vaincue. Elle cacha le coupable, puis courut intéresser à son sort un digne prêtre, qui, ayant de l'influence sur l'esprit du boulanger, consentit à intercéder en faveur d'Eugène-François. La chose n'alla pas sans peine, mais, finalement, la colère paternelle se laissa fléchir, des paroles d'absolution furent prononcées, l'enfant prodigue apparut, et tout s'acheva par des effusions attendrissantes.

II

Il faut savoir, sur terre, se contenter de ce que l'on a. Les gens d'Arras se seraient certainement intéressés aux aventures scandaleuses, mais plaisantes, d'un autre Casanova. A leur défaut, ils se passionnèrent pour celles de l'ancien jeune mitron de la Place d'Armes. Elles enchantèrent les femmes et lui valurent plusieurs succès. Une comédienne s'engoua de lui. Il la suivit à Lille, mais, faute d'argent, il revint à Arras où, avec le consentement de son père, il s'engagea au régiment de Bourbon.

Quinze duels, dont deux où il tua son adversaire, lui valurent une réputation de terrible bretteur, qui n'aurait fait que grandir si, sur ces entrefaites, la guerre n'avait pas éclaté entre l'Autriche et la France. La belle conduite de Vidocq à Valmy lui valut d'être nommé caporal. Elle l'amena aussi à déserter, conséquence paradoxale. Au cours de l'arrosage de ses galons, il se prit de querelle avec un sous-officier qui refusa de se battre avec un inférieur. D'où échange de coups, plainte du sous-officier, menace du conseil de guerre. Eugène-François prend peur, s'enfuit, va s'engager au 11e chasseurs, se bat à Jemmapes, où il est informé par son capitaine qu'on a retrouvé sa trace, qu'il va être arrêté et qu'il risque d'être fusillé.

Immédiatement, Vidocq passe aux Autrichiens, qui font de lui un hussard. Il ne se plaisait pas en leur compagnie et redoutait surtout d'être obligé de se battre contre les Français. Son mauvais caractère le tira d'affaire. A la suite d'une vive dispute avec un brigadier, il est condamné à recevoir la schlague. L'indignation que provoque chez lui ce honteux traitement l'emporte sur la prudence;

il prend le large, vient s'engager au 11e léger, fait campagne avec lui, et tombe, à Rocroi, au milieu du 11e chasseurs. Il se croit perdu. Son ancien capitaine, qui l'a reconnu, lui annonce qu'il n'a plus rien à craindre, grâce à une bienfaisante amnistie, et le voici réintégré dans son régiment, parmi ses camarades d'autrefois, qui lui font fête.

Ici se placent encore quelques duels, quelques histoires galantes, mais c'est l'ordinaire histoire de la vie militaire du temps. Le chasseur Vidocq se conduit bien, il se bat avec courage, il va certaine-ment devenir officier, et peut-être, trois ou quatre ans plus tard, sera-t-il l'un des plus brillants géné-raux de la Révolution, et Waterloo le trouvera-t-il maréchal de France et duc de l'Empire. Tout est possible. Par malheur, battant en retraite avec l'armée, près de Givet, un coup de feu le blesse grièvement à la jambe. Cette blessure lui vaut un congé de six mois, et ce fatal congé l'entraîne à de nouvelles et fâcheuses aventures.

III

Vidocq retrouvait la ville d'Arras en pleine agi-tation révolutionnaire. Joseph Lebon y exerçait une dictature sans douceur et la guillotine fonction-nait à plein rendement. La Terreur, selon le mot célèbre, était perpétuellement à l'ordre du jour.

Malgré tout, on continuait à se distraire, à rire, à s'amuser. Il semble que les récits où il est parlé de la morne stupeur au milieu de laquelle vivaient les populations ne sont pas toujours d'une exactitude rigoureuse. On aimerait à connaître dans ses intimes détails ce qu'était l'existence privée, en ces années tragiques. On apprendrait sans doute, avec surprise, qu'une foule de braves gens vaquaient avec tranquillité à leurs petites affaires, et que des milliers et des milliers de Parisiens ne virent jamais passer les charrettes qui conduisaient à la place de la Révolution les condamnés du Tribunal révolutionnaire.

Tout le monde ne tremblait pas, à Arras, au nom de Joseph Lebon, et le jeune militaire qu'était Vidocq s'inquiétait peu du proconsul. D'autres soucis le hantaient. Toujours il avait été galant. Il l'était déjà, quand il payait des friandises aux gamines de son quartier avec l'argent dérobé dans le tiroir de la boulangerie, et la vie guerrière ne l'avait point changé.

Il y avait à la citadelle un certain La Tulipe, — on aime ce nom, — caporal et cantinier, pourvu d'une jolie fille, laquelle s'appelait Constance. Elle ne se défendit que faiblement lorsque l'entreprenant Eugène-François lui jura un amour éternel qui, comme la plupart des amours éternels, ne dura pas longtemps. La faute en fut, paraît-il, aux quatre filles d'un notaire, acharnées à se disputer le glorieux blessé de Givet. Cette quadruple victoire ne fixa pas, cependant, l'humeur vagabonde de Vidocq, lequel ne tarda pas à s'attaquer à une autre beauté.

On verra qu'il s'occupa toujours des femmes, ce qui lui valut plus d'une mésaventure. D'une foule d'autres, il fut redevable à cette humeur querelleuse et batailleuse qu'il montrait déjà, dès sa première jeunesse, alors qu'il rossait ses camarades de la Place d'Armes. Elle se manifesta, dans la circonstance, par une provocation, adressée à un rival. Celui-ci, moins belliqueux, hésitait à se battre. Vidocq crut l'y contraindre en le frappant en public. Rendez-vous fut pris pour le lendemain, mais, en arrivant sur le terrain, le bretteur n'y trouva que des gendarmes, qui le conduisirent en prison.

L'autre l'avait dénoncé, l'accusant d'avoir tenu un langage incivique, et c'était là une imputation dont il ne fallait point rire, surtout sous le règne de Joseph Lebon. Vidocq ne l'ignorait pas, et son sort l'inquiétait, bien qu'il fût certain de n'avoir point médit de la Révolution. Mais il n'était pas destiné à être guillotiné à Arras. Parmi les favoris de Lebon figurait un perruquier de qui le père du prévenu avait été le client. Vidocq, au cours d'une visite que le Figaro terroriste fit à la prison, sollicita sa protection et l'obtint. On le remit en liberté, et comme un autre jacobin forcené, nommé

Chevalier, avait contribué à sa libération, il estima honnête d'aller le remercier.

Les jeux du destin ont leurs dangers. Chevalier avait une sœur, laquelle était incandescente et brune. Cette jeune personne s'enflamma à la vue de Vidocq. Elle avoua son amour à son frère, et ce dernier décida qu'elle épouserait le beau garçon. Refuser était difficile. C'était risquer d'être arrêté de nouveau. Accepter était dur, car la belle — si l'on peut dire — était d'une laideur sans égale. Les pourparlers s'engagèrent entre les familles, et le mariage paraissait devoir se faire, quand l'autorité militaire chargea Vidocq d'aller instruire les recrues d'un bataillon du Pas-de-Calais, cantonné dans les environs de Bailleul. C'était une aubaine. Transformé en sous-lieutenant, le jeune homme se crut sauvé, mais ce n'était que partie remise.

En attendant, il remplit sa tâche avec conscience et, peu après, se comporta d'une manière si vaillante, en résistant à de violentes attaques autrichiennes, que le général Vandamme lui adressa des félicitations et lui accorda un congé de deux mois, afin qu'il put se guérir de plusieurs coups de sabre reçus au cours d'un engagement. Au bout de ces deux mois, ayant rejoint son bataillon à Fresnes, il y tomba amoureux de la charmante fille d'un marinier, nommée Delphine, qu'il emmena à Lille, profitant d'un renouvellement de son congé de convalescence.

La pensée lui vint de l'épouser. Elle s'en montra ravie, et écrivit à ses parents. Ceux-ci lui envoyèrent leur consentement. Vidocq partit un matin, afin d'aller chercher celui de son père. A moins d'une lieue de Lille, il s'aperçut qu'il avait oublié une pièce indispensable. Il revient sur ses pas, heureux de pouvoir embrasser encore une fois sa chère Delphine, qu'il surprend en tête à tête avec un médecin aussi vieux que laid, et aussi malpropre que laid. Il la jette à la porte, non sans l'avoir gratifiée d'une solide correction, reste à Lille, y mène la vie joyeuse et néglige, le moment venu, de retourner à son poste.

La surveillance n'était pas fort rigoureuse, et le déserteur aurait pu être longtemps tranquille, si l'Amour, ce dieu qu'il servait si bien et qui le récompensait si mal, ne lui avait pas joué un nouveau mauvais tour. Un mari soupçonneux fait irruption dans la chambre où sa femme recevait souvent une jeune dame de ses amies, et la jeune dame, qui n'est autre que Vidocq, n'a que le temps de s'enfuir, ayant à ses trousses l'époux outragé.

Le scandale est public. On arrête le galant costumé en femme. On le conduit à la place, où un officier supérieur l'interroge. Vidocq raconte son histoire. Elle apparaît tellement comique à l'officier que celui-ci conduit le héros de l'aventure chez le général commandant la division, lequel rit aux larmes et, ne retenant pas le fait de désertion, fait délivrer une feuille de route au jeune homme, qui devra se rendre dans le Brabant. Vidocq remercie, s'en va, et jugeant que le Brabant est un peu loin et que la liberté a du bon, file d'un pas leste vers Arras.

IV

On ne s'explique pas une pareille sottise. Rien ne rappelait Vidocq auprès de ses parents. Le souvenir de la très laide sœur du terroriste Chevalier aurait dû, au contraire, l'entraîner loin d'Arras. Les belles ne manquaient pas ailleurs, qui se seraient chargées de lui rendre la vie agréable et douce.

D'autre part, il était courageux, l'avait prouvé, et rien ne lui eut été plus facile que d'obtenir un avancement rapide. Il s'était fait remarquer par son intrépidité, ne se ménageait pas dans les combats, avait été félicité par ses chefs à plusieurs reprises, et, à cette époque, il n'en fallait pas davantage pour parvenir à un grade élevé. Mais il était la victime de son éducation première, de son indiscipline naturelle, de l'esprit fantasque qui était en lui.

Le moment, au surplus, favorisait ces regrettables dispositions. Particulièrement dans ces provinces du Nord, où l'on était à la porte de la guerre, où régnait une incroyable confusion, où fourmillaient les aventuriers et les aventurières, où les hommes qui allaient se battre le lendemain, et peut-être se faire tuer, s'efforçaient fougueusement de dépenser en folies les heures qui leur appartenaient encore, l'atmosphère était fiévreuse et la raison ne parlait pas très haut. Enfin, Eugène-François avait dix-huit ans, et c'est un âge où l'on ne prête qu'une oreille distraite aux conseils de la sagesse.

Tout ceci fait comprendre pourquoi, au lieu de s'en aller rejoindre ses camarades militaires, l'écervelé avait pris la route d'Arras. On peut supposer, toutefois, que ce coup de tête comportait une part de raisonnement. Vidocq savait que Lebon était toujours à Arras et que son ami Chevalier restait tout puissant auprès de lui. Or, le proconsul avait le pouvoir de prolonger son congé. Personne, pas même un général, ne se serait hasardé à contester ce droit au représentant du peuple investi par la Convention nationale d'une autorité absolue. Lebon ne refuserait pas à son séide la faveur que celui-ci solliciterait.

Le calcul se trouva juste, mais cette heureuse issue d'une affaire qui aurait pu se terminer mal, eut sa contre-partie moins plaisante, car Vidocq, redevenu le familier de la maison Chevalier, ne sut pas se défendre contre les agaceries, les gentillesses, les avances de la sœur du terroriste. Faut-il écrire qu'il succomba? Tout au moins, prompt à la galanterie, comme il l'était, ne résista-t-il pas. Il en advint que peu de temps après, avec un pudique embarras, la jeune fille lui avoua que leur faiblesse commune ne tarderait pas à être connue de tout le monde.

Cette confidence ne causa qu'un médiocre plaisir à Eugène-François, car le spectre du mariage se dressa aussitôt devant ses yeux. Mais comment éviter le funeste sort qu'il avait provoqué ? La famille Chevalier s'agitait. Sa vengeance était à craindre. Dénoncé comme déserteur, accusé de comploter contre la République et d'entretenir des relations secrètes avec des aristocrates, Vidocq, pour le coup, était assuré de monter à l'échafaud. Le perruquier jacobin qui lui avait évité autrefois de faire connaissance avec le rasoir national, ne voudrait pas risquer sa propre vie en se faisant un ennemi du redoutable Chevalier.

La situation était sans remède, ou, plutôt, elle ne comportait qu'une solution. Vidocq se maria donc, à dix-huit ans, se consolant de la laideur de sa compagne en pensant qu'il goûterait avant peu les joies de la paternité. Pure illusion ! Cet adoucissement lui fut refusé. Il apprit de sa femme que celle-ci n'avait jamais craint d'être mère avant d'être mariée, et ce fut là une des multiples duperies dont fut le jouet le futur chef de la brigade de Sûreté, au cours de la première partie de son existence mouvementée, car il convient de reconnaître que peu d'hommes furent aussi facilement et aussi fréquemment bernés, mystifiés et volés.

Dans le cas présent, n'osant pas parler trop haut, Vidocq fit contre mauvaise fortune bon visage. Il rêvait pourtant de prendre le large, lorsque Chevalier, ayant eu de lui ce qu'il voulait, et estimant incommode ce beau-frère forcé, le fit envoyer à Tournai, où il entra dans les bureaux d'un adjudant-général, chargé de pourvoir à l'habillement des troupes.

C'était le calme, après la tempête. Seulement, il était écrit, de toute éternité, que le calme ne serait jamais de longue durée pour Eugène-François, si heureux, en cet instant, de n'avoir plus à contempler la vilaine figure de sa femme. Des instructions urgentes arrivèrent, qu'il fallait porter à Arras. L'adjudant-général décida que nul ne saurait, mieux que Vidocq, s'acquitter de cette mission. Il l'en chargea donc, et voici le messager en route.

Il arrive de nuit et se heurte aux portes fermées de la ville. Porteur d'ordres, il se fait livrer passage, et, naturellement, se hâte de courir chez sa femme. Il frappe, il appelle, il crie. On ne lui répond pas. Un habitant de la maison vient enfin lui ouvrir. Il va monter, quand, d'une fenêtre, un homme saute dans la rue. C'est un officier à peine vêtu. Vidocq le prend à la gorge, le malmène, le provoque. Tout le quartier est réveillé. Le scandale est énorme. Chevalier s'empresse d'agir, et, au matin, on arrête le mari trompé.

Celui-ci ne perd pas la tête. Au lieu de se laisser conduire en prison, il exige qu'on le mène chez le représentant du peuple. Lebon l'accueille mal, lui reprochant d'être venu à Arras sans permission, dans le seul but de maltraiter sa femme. L'autre montre ses instructions et raconte son malheur conjugal, offrant d'en faire témoigner tous les voisins et même l'officier qu'il a dérangé d'une manière si imprévue.

A cela, il n'y avait rien à répliquer. Lebon se borna à faire comprendre à Vidocq qu'il serait sage de sa part de ne point s'attarder à Arras. Le conseil fut entendu et, quelques heures plus tard, Eugène-François avait repris le chemin de Tournai, sans avoir eu le temps de couper la gorge à l'amant de sa femme, et se demandant, avec un sourire, comment une créature si laide avait pu réussir à ridiculiser son mari.

Il ne s'attacha point, du reste, à résoudre ce problème, que des préoccupations plus graves vinrent lui faire oublier. A Tournai, en effet, il ne retrouva pas son chef, parti pour Bruxelles. Il se hâta d'aller le rejoindre, mais l'adjudant-général s'était rendu à Liége. Vidocq y courut. Il y apprend que son homme a été appelé à Paris par le Comité de Salut public. Désemparé, ne sachant que devenir, voyant ses ressources diminuer, repris par la passion du nouveau, il se décide à se fixer à Bruxelles, ne sachant pas, au surplus, ce qu'il y fera.

V

Cette ville de Bruxelles était alors le paradis des aventuriers, des escrocs et de l'état-major de ce que l'on appelait l'armée roulante, laquelle comprenait plusieurs milliers d'individus munis de faux grades, de fausses permissions, de fausses feuilles de route, et qui en imposaient aisément aux commissaires des guerres. Ceux-ci leur délivraient des billets de logement et fixaient leurs rations. On peut croire que si les vrais officiers n'étaient pas toujours bien servis, les filous savaient s'arranger pour ne manquer de rien.

Grande fut la surprise de Vidocq, simple et modeste soldat, de rencontrer, dans les cafés de Bruxelles, revêtus d'uniformes divers, des coquins qu'il avait pu voir à Lille vivant de tricheries et n'appartenant point à l'armée. Leur présence l'intrigua. Leur promotion rapide le stupéfia.

Pour son compte, il avait élu domicile chez une fille galante éprise de sa mâle beauté. Elle lui prodiguait de multiples soins, auxquels elle ajoutait de l'argent. Bien qu'elle fût tombée très bas, elle conservait un air de distinction et de bonnes manières, ce qu'elle expliquait en disant qu'elle appartenait à une famille honorable, que lui avait fait quitter un séducteur malhonnête, par qui elle avait été abandonnée vilainement. Eugène-François n'était plus novice. Il ne crut pas à cette histoire, mais il ne laissa rien paraître de son scepticisme. A quoi bon peiner une créature si aimable et si désintéressée?

Tandis qu'Émilie, ainsi se nommait-elle, vaquait aux obligations de sa profession, Vidocq passait son temps au café, s'intéressant aux opérations de ses anciennes connaissances de Lille, habiles dans l'art de gagner au jeu par tous les moyens. Ces drôles s'inquiétèrent. Devançant les années, peut-être prirent-ils Vidocq pour un policier. Ce qui est sûr, c'est que, pour obtenir son silence, ils lui firent une pension quotidienne. Recevant de l'argent de sa mère, appointé par les aigrefins des cafés bruxellois, gratifié des cadeaux de la tendre Émilie, Vidocq laissait couler les jours sans penser à l'avenir, lorsque d'indiscrets agents de police s'avisèrent de l'arrêter en pleine rue, lui réclamant ses papiers. Cas délicat. Il déclara qu'il n'en avait pas, fut conduit en prison et immédiatement interrogé.

— Je me nomme Rousseau, dit-il, et je suis de Lille. Venu à Bruxelles pour mon plaisir, il ne m'avait pas paru nécessaire de me munir de papiers. Mais je suis prêt à payer le voyage des gendarmes par lesquels vous pouvez me faire accompagner jusque chez moi, et qui s'assureront que je suis un honnête homme, très connu, et jouissant de la considération de ses concitoyens.

Le faux Rousseau ayant sur lui une assez forte somme, on ne crut pas devoir décliner son offre. Au moment de se mettre en route, il confia aux gendarmes que ce n'était pas uniquement pour s'amuser qu'il s'était rendu à Bruxelles, mais qu'il y avait surtout été attiré par un violent attachement de cœur. Ces militaires furent charmés de ce petit roman, et lorsque Vidocq les supplia de permettre à Émilie de le suivre, ils ne s'y refusèrent point, acceptant en outre les quelques écus qui rendaient cette demande plus digne d'intérêt.

Ils furent mal récompensés de leur faiblesse. Aux approches de Lille, où leur prisonnier redoutait d'être démasqué et reconnu pour déserteur, ils acceptèrent, dans une auberge, le bon dîner, copieusement arrosé, qui leur fut offert, se grisèrent, s'endormirent, et, à leur réveil, ne retrouvèrent plus personne. Le couple avait fui par la fenêtre de sa chambre, en pleine nuit, à l'aide des draps de lit, gagnant Lille à travers la campagne.

Il ne s'y attarda pas et partit pour Gand le lendemain. Là se produisit un événement pathétique, prouvant qu'Émilie n'avait point menti. Le hasard la mit en face de son père. Elle se jeta dans ses bras en pleurant, le digne vieillard versa aussi des larmes, pardonna et emmena sa fille. Ce fut une scène extrêmement attendrissante, qu'on ne lirait pas sans plaisir dans un feuilleton, qu'on ne verrait pas sur la scène sans s'essuyer les yeux. Mais il en advint que Vidocq se retrouva seul, et assez embarrassé.

Embarrassé? Dans une certaine mesure, car il n'était pas dans sa nature de balancer longtemps avant de prendre un parti. Malgré tout, il s'interrogeait sur ce qu'il devait faire, et n'était bien fixé que sur un point. Il ne voulait pas retourner à son régiment, où il risquait d'être fusillé dès son arrivée. Or, il était jeune et tenait à la vie, ce que l'on a beaucoup chanté depuis, mais qui a été vrai à toutes les époques. Il jugea que le plus simple était de retourner à Bruxelles où les héros de l'armée roulante seraient heureux de l'accueillir parmi eux.

Toutefois, comme on pouvait le reconnaître et l'arrêter de nouveau, ce qui entraînerait, à n'en pas douter, de graves conséquences, il lui fallait des pièces établissant qu'il s'appelait bien Rousseau, et qu'il était né à Lille. Il s'ouvrit de sa perplexité à un capitaine de carabiniers belges, aimant à rendre service, et qui, moyennant quinze louis, lui procura de faux papiers admirablement fabriqués, de telle sorte qu'au bout d'une quinzaine Vidocq put reparaître à Bruxelles, où il ne fut point inquiété. Ses espérances furent même dépassées. Les « officiers de fabrique » de l'armée roulante lui firent fête, le bombardèrent sous-lieutenant de chasseurs voyageant avec son cheval, et le pourvurent d'une feuille de route lui donnant droit aux vivres et au logement.

Ce n'était pas un papier pour rire. Vidocq raconte qu'en compagnie de toute la bande il fit dans les Pays-Bas une tournée au cours de laquelle il fut logé partout et nourri sans être l'objet de la moindre observation. Il en revint capitaine de hussards, et l'on ne peut savoir où se serait arrêté ce prodigieux avancement, s'il ne s'était pas produit un incident qui l'arrêta net, incident précédé d'une histoire extraordinaire.

A son retour de Bruxelles, après la tournée des Pays-Bas, le prétendu capitaine Rousseau fut logé chez une baronne très riche appartenant à la plus vieille aristocratie. Elle le reçut à merveille, l'installa superbement et le combla de prévenances significatives. La dame avait cinquante ans. C'est un âge terrible pour certaines femmes. Celle-ci mangeait des yeux ce frais et robuste officier de dix-neuf ans, lui faisant entendre qu'elle n'avait rien à lui refuser.

Il est probable qu'il lui répondait de même, sans envisager rien de plus qu'une liaison avantageuse. Mais le « général » de contrebande qui dirigeait la petite bande de filous avait bâti un vaste plan sur la faiblesse de la baronne. Il y travailla en secret, jusqu'au jour où il informa Vidocq que la respectable personne n'ignorait pas qu'il ne se nommait point Rousseau, et croyait savoir, en outre, qu'il appartenait à une noble famille française, chassée par la Révolution et installée à Hambourg.

Il avait voulu revenir en France, dans l'espérance de sauver quelques bribes de la fortune de ses parents. Or, reconnu, dénoncé, condamné à mort par contumace, recueilli par le général sur un grand chemin, il s'était introduit dans l'armée sous un faux nom, grâce à cet excellent homme, qui lui avait ainsi sauvé la vie.

La baronne, sensible à l'excès, avait versé des pleurs en entendant ce récit dramatique et touchant, qui ne lui avait inspiré aucun soupçon, et elle avait avoué au « général » qu'elle était prête à épouser le jeune comte, car Vidocq avait été transformé en comte, — et à partager sa fortune avec lui.

Tout de même cette aventure parut un peu forte au fils du boulanger d'Arras. Il était déjà marié. Allait-il être bigame ? Et n'était-il pas perdu, si l'on venait à découvrir une pareille supercherie. Il hésitait. Son « chef » lui fit remarquer qu'il lui était facile, en raison du scandale passé, de divorcer dans son pays. Son mariage sous un faux nom s'arrangerait par la suite. En attendant, il serait riche. Tout ce qu'on exigeait de lui, c'était pour chacun de ses trois amis une pension de mille écus, indépendamment d'une prime de trente mille francs, que se réservait l'auteur de cette manigance.

Fallait-il donc abandonner une aussi magnifique occasion de faire fortune, et cela alors que les commissaires des guerres commençaient à se montrer méfiants, ce qui pouvait entraîner de regrettables complications? L'éloquence du coquin eut raison des scrupules de Vidocq. La baronne fut dans le ravissement et contraignit le jeune comte, son futur époux, à accepter une forte somme, en attendant qu'elle pût le rendre maître de tous ses biens. Elle se mourait d'impatience et, comme les nobles parents de son fiancé tardaient à envoyer leur consentement, elle déclara qu'elle allait épouser le faux Rousseau. On ferait rectifier plus tard l'acte de mariage. Et il allait en être ainsi lorsque se produisit l'incident dont il est parlé plus haut.

Le général avait dit vrai. Le contingent de l'armée roulante était devenu si considérable que l'on avait fini par s'en inquiéter et que des mesures sévères avaient été prises pour mettre fin aux agissements de ces coquins. Les camarades de Vidocq, serrés de près, flairant l'arrestation et le bagne, disparurent brusquement, le laissant se tirer d'affaire comme il l'entendrait. Il fallut expliquer ce fait bizarre. Le prétendu comte dit à la baronne que le « général » avait pris la fuite, parce qu'on allait l'arrêter pour avoir facilité l'entrée d'un aristocrate condamné à mort dans les armées de la République. Il ajouta que lui-même était en péril, et que pour se soustraire au danger il avait résolu de gagner Bréda.

Émue, tremblante, désespérée peut-être, Vénus

vieillie, décidée à ne point lâcher sa jeune proie, la baronne déclara qu'elle aussi se rendrait à Bréda, ce qu'elle fit. Évidemment, elle se perdait. Elle était sur le bord de l'abîme, sur le point de devenir la femme d'un déserteur, d'un vagabond, d'un faussaire et d'un escroc.

Elle fut sauvée par Vidocq lui-même. Il a confessé qu'en considérant le malheur dans lequel il allait entraîner cette malheureuse femme il fut épouvanté. Les remords s'éveillèrent en lui, et, sans plus tarder, il révéla à la pauvre baronne toute la vérité. Elle s'éloigna au cours de la nuit, laissant pour celui qu'elle avait aimé, qu'elle aimait sans doute encore, une cassette contenant quinze mille francs en or. Dans la matinée du lendemain, courant vers de nouvelles destinées, Vidocq prenait la route d'Amsterdam.

<h2 style="text-align:center">VI</h2>

Il ne l'a point dit, mais on peut supposer qu'en se rendant à Amsterdam, l'aventurier envisageait un départ définitif.

On a vu que l'envie de quitter la France pour aller en Amérique, l'avait hanté lors de sa première fugue, quand il n'avait en poche que les mille francs dérobés dans le tiroir paternel. Les circonstances étaient beaucoup plus favorables à l'exécution d'un semblable projet. Vidocq, bien que sa tête fût passablement folle, avait acquis une certaine expérience de la vie. Il pouvait encore se laisser duper par une jolie fille, ce qui ne devait pas manquer de se produire, mais il n'aurait pas suivi, les yeux fermés, le premier aigrefin venu. Par ailleurs, il était relativement riche et, là-bas, il aurait pu tenter la chance et essayer d'une vie nouvelle. La supposition est donc plausible, mais, si la pensée de quitter l'Europe se présenta à l'esprit d'Eugène-François, ce ne fut qu'un éclair.

Il ne fit qu'un bref séjour à Amsterdam. Il était dévoré du désir de voir Paris, malgré le danger qu'il y pouvait courir, considération sans grande valeur à ses yeux. Le désir l'emporta sur la raison et, dans les premiers jours du mois de mars 1796, il franchissait les barrières de la capitale et descendait dans un hôtel de la rue de l'Échelle. Ayant changé les ducats de la baronne contre de l'or français, ayant vendu les bijoux et les petits objets de valeur rappelant la générosité de la sensible femme, il se trouvait à la tête d'un magot des plus respectables, qu'il se proposait bien de défendre contre les filous.

Son intention, a-t-il expliqué, était de se fixer aux environs de Paris, d'y exercer un commerce quelconque et d'y vivre en paix sous son nom de Rousseau. On verra, par la suite, qu'il revint souvent à cette idée et que ce ne fut pas sa faute s'il ne parvint pas à la réaliser. En fait, elle ne le quitta jamais. On la retrouve chez lui au début de la dernière phase de son existence.

En 1796, il ne lui fut pas possible de lui donner suite. Un particulier qui logeait à son hôtel, et avec lequel il s'était lié, lui proposa de le présenter dans une maison où l'on jouait. Convaincu que la science acquise en compagnie des escrocs de Bruxelles le mettrait à l'abri des filouteries des joueurs, Vidocq se laissa faire. La perte, qu'il subit bientôt, d'environ deux cents louis, lui ouvrit les yeux. Il comprit qu'il avait affaire à des grecs supérieurs, et, prudemment, il se retira, mais ce fut pour tomber dans un autre péril, un péril charmant, qui se nommait Rosine, occupait un très bel appartement et était servie par une femme de chambre accorte et fraîche, au minois mutin, telle qu'on en voit dans les comédies, et qui s'appelait Divine.

La délicieuse Rosine s'abandonna sans trop de résistance et, durant plusieurs semaines, montra un délicat désintéressement. Vidocq, qui savait déjà une foule de choses, ignorait encore que rien n'est parfois plus dangereux qu'une femme désintéressée. Il n'avait pas pu l'apprendre avec Émilie, et pas davantage avec la baronne. En outre, il était jeune, de belle prestance, de physionomie sympathique, ce qui lui donnait le droit de se croire aimé pour lui-même. Ceci l'aveugla. Lorsqu'il trouva Rosine en larmes, menacée d'une saisie, parce qu'elle ne pouvait pas payer les notes de la modiste et de la couturière, il ne songea point à une duperie et délia les cordons de sa bourse.

Il avait mis le pied sur la voie glissante. Il alla jusqu'au bout, grognant, rageant, mais payant, et cela jusqu'au jour où, pris d'un doute, il vint demander des explications qui ne lui furent pas refusées, mais qu'il n'obtint pas, attendu que la perfide Rosine avait pris le large, courant rejoindre un amant de cœur avec qui elle partageait l'argent d'Eugène-François.

Ce fut par la piquante Divine que celui-ci apprit qu'il avait été mystifié. Il en éprouva une vive douleur, suivie d'une furieuse colère, et brisa tout dans l'appartement. Ceci ajouta à son infortune. Les meubles n'appartenaient point à Rosine, mais au propriétaire, qui en exigea le paiement. Vidocq, alors, fit sa caisse. Il lui restait quatorze cents francs. Ce qui lui était venu par l'amour s'en était allé par le même chemin. Que faire? Que devenir dans cette ville de Paris? Mieux valait retourner à Lille, au risque de ce qui pourrait en résulter.

Il n'en résulta rien. Vidocq put passer sa vie tranquillement au café en compagnie d'officiers, jouant, buvant, allant faire des armes. Il aurait été tout à fait heureux, s'il n'avait pas senti son porte-monnaie s'alléger un peu vite. Comment le remplir? Il y rêvait avec mélancolie, quand un habitué du café, homme silencieux et paisible, qui lui avait montré de la sympathie, força ses confidences et lui offrit de l'emmener avec lui. Aux questions que lui adressa Vidocq, il répondit qu'il était médecin ambulant, vendant des remèdes secrets. Il guérissait aussi les animaux malades et levait les sorts jetés sur les étables. Il ne s'étendit pas sur ce qu'il attendait de son compagnon, mais ce dernier pensa qu'il serait toujours temps d'être mieux renseigné, et se mit en chemin avec ce Christian qu'il sut, peu après, se nommer Caron.

Cet individu, au teint fortement basané, entrait chez les paysans, se livrait à des échanges de monnaie, donnait des consultations, reçu partout comme un ami en qui l'on pouvait avoir une entière confiance. Jusqu'alors, tout marchait bien, mais lorsque ledit Caron demanda à Vidocq de s'introduire dans les fermes, afin d'y jeter une poudre mystérieuse dans les mangeoires des bêtes, poudre destinée à rendre les animaux malades et à permettre au guérisseur d'intervenir, le jeune homme, sachant combien il pourrait lui en coûter d'être surpris et arrêté dans ces conditions, refusa catégoriquement. Caron n'insista pas. Il avoua ensuite qu'il était bohémien, dit qu'il devait rejoindre à la foire de Malines une bande de ses pareils, et laissa Vidocq libre de le suivre ou de retourner à Lille.

Eugène-François aimait trop les aventures pour ne pas pousser celle-ci jusqu'au bout. Il resta donc avec Caron, qui l'introduisit au milieu d'une trentaine de romanichels des deux sexes, réunis dans une masure d'un faubourg de Malines, en compagnie desquels il passa à boire une partie de la nuit. Le lendemain, ces gens vêtus la veille de haillons, lui apparurent transformés, les hommes habillés en maquignons, les femmes portant de belles robes et couvertes de bijoux. Tous sortirent, et Caron ayant prévenu Vidocq qu'il pouvait disposer de sa journée, celui-ci, en se promenant, tomba sur un de ses anciens amis de Bruxelles, lequel, apprenant la cause de sa présence à Malines, lui révéla que ces bohémiens étaient des voleurs et les lui montra dépouillant les promeneurs au milieu de la foule, tandis que les femmes entraient dans les boutiques et y dérobaient ce qui leur paraissait de bonne prise.

Il ajouta qu'ils pénétraient chez les paysans afin d'y guérir les animaux qu'ils avaient pris soin de rendre malades, qu'ils trouvaient moyen de soustraire de l'argent au cours de leurs opérations de change et qu'en outre ils servaient d'indicateurs aux sinistres chauffeurs qui étaient alors la terreur des Flandres. Ceci fit réfléchir Vidocq. Il prit le soir même congé de Caron et revint à Lille avec le camarade rencontré à Malines. C'était un certain Malgaret, lequel, peu après, lui prouva son amitié en s'entendant avec un autre coquin pour lui voler au jeu ses derniers écus.

Voici donc encore une fois l'infortuné Vidocq

sur le pavé et sans argent. Par bonheur, ses camarades de café, s'intéressant à son sort, organisè-
rent à son bénéfice un assaut qui lui procura quelques ressources. Il reprit courage. Mais le moment
venait où il allait éprouver les pires infortunes.
Jusqu'alors son existence n'avait été qu'une comédie. Le drame était proche.

VII

On dansait beaucoup à Lille, à cette époque. Au
lendemain de la Terreur on avait recommencé à
danser à Paris avec une fureur singulière. Les
gens paraissaient vouloir se dédommager, en s'adon-
nant aux plaisirs presque furieusement, des longs
mois remplis d'angoisse qui s'étaient écoulés depuis la mort de Louis XVI jusqu'au 9 thermidor.
De Paris, la rage de la danse s'était étendue à la
province, et la capitale des Flandres comptait
plusieurs bals, parmi lesquels le plus fréquenté
était celui de la Montagne.

Un jeune homme de vingt-deux ans, tel que Vidocq, qui ne pensait qu'à s'amuser, ne devait pas
manquer de se rendre souvent dans un pareil endroit, où il était sûr de rencontrer la plus agréable
et la plus facile compagnie. Dès le début, il y fit la
connaissance d'une belle fille du nom de Francine,
qui se laissa séduire par sa physionomie vive et

franche, sa gaîté, et aussi, sans doute, par sa galanterie un peu osée. Avec elle, il n'était point contraint d'observer la réserve gênante qu'il lui avait fallu adopter lors de son roman avec la sensible baronne de Bruxelles. A l'âge qu'il avait alors, un amoureux audacieux, qui joint de l'esprit à ses avantages physiques, ne se heurte pas à d'énergiques résistances, et la jolie Francine, de qui le métier consistait précisément à ne point résister, se laissa séduire sans aucune peine.

Elle jura à son nouvel amant une éternelle fidélité, ce qui ne l'empêcha pas de conserver des relations avec un ami antérieur, capitaine du génie. Vidocq était à la fois ingénu et fat. Pour ces deux raisons il crut aux serments de Francine. Sa colère n'en fut que plus vive, quand un obligeant camarade le prévint que la belle le trompait. Il jura de se venger, mais il ne s'avisa point d'appeler son rival sur le terrain, sachant bien que l'autre l'enverrait au diable. Il voulut une revanche publique, ne réfléchissant pas aux conséquences probables d'un esclandre.

S'étant renseigné, il apprit que le capitaine et la volage Francine devaient déjeuner ensemble chez un restaurateur de la place Rihour. Au milieu du repas, il fit irruption dans la salle et commença par administrer une correction à Francine. Le capitaine voulut protéger sa compagne. Mal lui en prit. Vidocq, de qui la force était déjà herculéenne, le rossa de telle sorte que le malheureux, assommé aux trois quarts, resta sur le carreau. Le soir même, l'assommeur couchait à la prison.

Il y connut une espèce de triomphe, qu'il a raconté sans modestie. D'ailleurs, il serait difficile de savoir à quel moment de sa vie Eugène-François fut modeste. L'histoire avait fait un bruit énorme dans le monde qu'il fréquentait. Il y prit figure de héros. Les femmes s'enflammèrent pour lui, et, tout le temps que dura l'instruction, nombreuses furent celles qui lui apportèrent des consolations et des douceurs, ainsi que de tendres promesses pour l'avenir.

Francine le sut. Dans le premier moment, encore meutrie des coups qui lui avaient été généreusement prodigués par le jeune amant qu'elle avait dupé, elle s'était associée à la plainte du capitaine. A la nouvelle des succès féminins du prisonnier, elle éprouva une amère jalousie, et voulut reconquérir celui qui, en somme, lui avait prouvé son amour avec une brutalité qui était un gage de sa sincérité. Elle retira sa plainte et vint implorer son pardon. Entre temps, non sans une nuance de mépris, elle avait signifié son congé au capitaine qui n'avait su ni la protéger, ni se défendre lui-même.

Ce repentir fut fatal à Vidocq. On supposa, ce qui était une erreur, qu'il y avait eu entente préalable entre lui et Francine, en vue de débarrasser celle-ci d'un homme qui lui était insupportable, et cette conviction des juges, en les amenant à considérer le prévenu sous d'assez vilaines couleurs, valut à ce dernier une condamnation à trois mois de prison, condamnation à la suite de laquelle on le transféra du Petit-Hôtel, geôle préventive, à la tour Saint-Pierre, où il se trouva en société avec des faussaires, des voleurs et autres coquins de la même espèce.

Par une faveur spéciale, et peut-être parce qu'en réalité son délit n'était pas très grave et n'entachait en rien son honnêteté, on lui avait accordé une chambre particulière, où il n'était point tenu de résider. S'ennuyant seul, il se mit à fréquenter certains détenus, en particulier deux anciens sous-officiers, Grouard et Herbeaux, condamnés au bagne pour crime de faux, et un cultivateur nommé Boitel, qui, ayant volé des grains, avait été frappé de six années de réclusion. Cet homme affirmait son innocence et se lamentait à la pensée de ses six enfants, demeurés à la maison. Il ajoutait que pour recouvrer sa liberté il donnerait volontiers une forte somme.

Vidocq avait un cœur excellent. Aussi s'apitoyait-il sur le sort de ce pauvre Boitel, pour qui s'étaient vainement employés, en vue d'obtenir une grâce partielle, les habitants de son village. Si cela n'avait dépendu que de lui, il lui aurait ouvert la porte de la tour Saint-Pierre sans exiger un liard pour ce service. Les deux faussaires ne possédaient pas ce désintéressement. Ils imaginèrent donc une combinaison qui devait, pensaient-ils, leur rapporter quelques centaines de francs.

Prétendant qu'ils avaient la possibilité d'assurer à Boitel une haute protection, ils déclarèrent qu'ils allaient rédiger un Mémoire en sa faveur. Ils se mirent à l'ouvrage, mais ils ne tardèrent pas à se plaindre du tapage que les autres détenus faisaient autour d'eux et qui rendait leur travail impossible. Boitel demanda donc à Vidocq de leur prêter sa chambre pendant trois ou quatre heures, plusieurs jours de suite, ce qui leur permettrait d'achever le mémoire sauveur. Vidocq n'était pas homme à refuser. Sans méfiance, il laissa Herbeaux et Grouard s'installer chez lui. Bientôt la besogne fut achevée, le Mémoire expédié et, quarante-huit heures plus tard, l'ordre de mise en liberté du cultivateur parvenait au concierge de la prison, qui se hâta d'ouvrir la porte au condamné gracié.

Bien entendu, l'ordre était faux. Il avait été fabriqué par les deux anciens sous-officiers et c'était pour mener à bien ce dangereux travail qu'ils avaient eu besoin de s'isoler. Le concierge était dans la confidence, ayant reçu sa part des écus versés par Boitel. Afin de donner une apparence d'authenticité à la pièce fausse, on avait apposé, au-dessus de signatures imaginaires, un cachet militaire appartenant à Vidocq, ce qui allait servir par la suite à établir sa complicité.

Un inspecteur des prisons, arrivé à Lille le lendemain de la sortie du cultivateur, lequel ne tarda pas à être repris, reconnut la fausseté du document, et une enquête fut ouverte. Les vrais coupables, désireux d'alléger leur part de responsabilité, s'entendirent pour accuser Vidocq, contre qui les charges s'accumulèrent. Tant et si bien que lorsqu'il se crut à la veille de reprendre sa liberté, au bout de ses trois mois de prison, il fut informé qu'il comparaîtrait de nouveau devant la justice, étant prévenu de complicité de faux en écritures authentiques et publiques.

Le coup le foudroya. Ayant déclaré ce qu'il savait au sujet de l'évasion de Boitel, et expliqué pourquoi il avait prêté sa chambre, il se croyait à l'abri de toute poursuite. Son émotion fut si forte qu'il tomba dangereusement malade, soigné par Francine, cause première de son malheur, qui ne l'abandonna pas dans sa mauvaise fortune et lui prouva bientôt son dévouement plus complètement encore.

VIII

Le ressort d'Eugène-François était prodigieux. Les pires revers ne parvenaient pas à avoir raison

de lui. Un moment abattu, son courage reprenait
vite toute sa force. Trop intelligent pour ne pas
mesurer du premier coup d'œil les dangers de la
situation, il envisageait aussitôt les mesures à
prendre pour parer au péril.

Dans le cas présent, il était à peu près désarmé.
Or, il n'ignorait pas que l'inculpation dont il était
l'objet pouvait le conduire au bagne. Que vaudrait
aujourd'hui un semblable méfait? Quelques mois
de prison, peut-être. A coup sûr, on n'enverrait
pas un homme aux travaux forcés pour si peu. A
cette époque, on avait la main lourde. Vidocq le
savait. Assurément, il était innocent, n'ayant commis qu'une imprudence, qui était d'avoir consenti,
sur la prière de Boitel, à prêter sa chambre afin
de rendre plus aisée la rédaction du fameux Mémoire. Mais il ne suffit pas toujours d'être innocent pour être acquitté. Le plus prudent n'était-il
pas de gagner le large?

Ce fut à cette idée que Vidocq s'arrêta, se dispo-
sant ainsi à entrer dans une voie où il devait laisser
loin derrière lui les évadés les plus célèbres. Son
coup d'essai fut un coup de maître. S'en aller tranquillement par la grande porte, en recevant le salut empressé du guichetier, n'était-ce pas un trait
de génie? Deux fois par semaine un officier venait
inspecter la prison de la tour Saint-Pierre, où il
y avait des détenus militaires. Prendre sa place
était-il impossible? Francine visitait Vidocq régu-

lièrement. Sur sa demande, elle lui apporta, caché dans son manchon, un costume d'officier, que le prisonnier se hâta de revêtir. Des camarades, mis au fait, retinrent l'inspecteur sous divers prétextes, et, pendant ce temps, Vidocq fila, répondant, d'un signe sec et bref, aux courbettes d'un ancien galérien, de qui la peine perpétuelle avait été commuée en plusieurs années de détention, et que l'on avait promu au grade de guichetier.

On ne s'était pas encore aperçu de la fuite du prisonnier que celui-ci était déjà en sûreté, chez une amie de Francine, où il pouvait attendre en paix le moment de quitter Lille. Il y vécut près de quatre mois, au bout desquels, n'y tenant plus, il voulut sortir. Les deux femmes le supplièrent de n'en rien faire, mais Eugène-François était fier d'un entêtement aveugle, qu'il prenait pour de la volonté. Il s'obstina donc, et s'en fut se promener. Il rentra sans mal, mais il fut moins heureux le lendemain. A peine avait-il mis le pied dehors qu'un agent de police le croisa, le reconnut et l'interpella, lui demandant s'il était libre.

— Non pas! répondit-il. Tel que vous me voyez je retourne à la prison. Je ne suis pas coupable de ce dont on m'accuse, mais celui qui se sauve se condamne, et mon évasion me nuirait dans l'esprit de mes juges. Vous pouvez me conduire vous-même à la tour Saint-Pierre si cela vous convient. Auparavant, je vous prierai de m'accompagner chez mon amie Francine, que je veux embrasser avant d'aller me faire enfermer.

L'agent, sans méfiance, suit l'évadé, qui le mène en effet chez Francine, laquelle parvient à dissimuler sa stupeur et son inquiétude. On cause, on boit un peu, on s'attendrit, puis on se sépare, mais Vidocq a pu dire à son amie de remplir sa poche de cendre, et, à vingt pas de là, il aveugle le policier et disparaît.

Le tour était bien joué, mais il avait l'inconvénient de faire savoir que le fuyard que l'on croyait très loin, en Belgique, en Hollande ou ailleurs, n'avait pas quitté Lille. La gendarmerie et la police furent immédiatement sur pied et le commissaire Jacquard, homme habile et courageux, jura qu'il ne tarderait pas à retrouver Vidocq et à l'arrêter. C'était un dangereux adversaire. Il ne fallait point le dédaigner. On ne cessait pas de le répéter à Vidocq, mais celui-ci, confiant en son étoile, ne voulait rien entendre et se plaisait aux pires imprudences.

Entre Jacquard et Vidocq s'engagea un duel formidable et comique, autour duquel des paris s'établirent. En général, on pariait en faveur du fugitif. Les commissaires, peut-être parce qu'ils incarnent l'autorité et la répression, et parce qu'il y a au fond de chacun de nous un révolté qui sommole, sont peu aimés, ce qui est injuste. Notre esprit de taquinerie trouve son compte à leurs mésaventures. Celui qui bat le commissaire a l'avantage immense de nous amuser et de nous faire rire. On le voit bien au théâtre de Guignol, où les enfants applaudissent à tout rompre, lorsque ce mauvais drôle de Polichinelle, qui a mérité cent fois la corde, rosse le représentant de la loi. Cette impitoyable jeunesse estime que ce malheureux esclave du devoir doit toujours recevoir quelques coups de bâton supplémentaires. Elle les réclame pour lui, et elle trépigne d'aise lorsque le coquin aux deux bosses les lui administre.

Aussi souvent que Vidocq glissait entre les doigts de Jacquard, les gens de Lille s'esclaffaient, et l'infortuné commissaire crevait de rage. Un jour, cependant, il crut tenir son homme et se frotta les mains à la pensée de cette magnifique capture. Il avait été informé que Vidocq, qui oubliait volontiers Francine lorsque l'occasion lui en était fournie, devait dîner joyeusement, en compagnie d'un sous-officier et de deux femmes, dans une maison à cabinets particuliers. Pour le coup, l'oiseau envolé allait être repris et les rieurs changeraient de côté.

Jacquard emmena plusieurs agents avec lui, les posta dans l'escalier pour le cas où Vidocq chercherait à s'enfuir, et se présenta seul. La table était mise, et les deux femmes et l'un des deux hommes étaient là. Le sous-officier manquait. Le commissaire ne connaissait pas Vidocq, alors que ce dernier savait parfaitement quel était l'importun.

→ 47 ←

A sa vue, sans se troubler, il lui demanda ce qu'il désirait.

— Je cherche le nommé Vidocq! répondit Jacquard.

— Ah! très bien! fit l'autre. Je comprends! Vous êtes le citoyen Jacquard, et vous venez pour arrêter notre camarade.

Le commissaire haussa les épaules.

— Je ne vous conseille pas, dit-il, d'un ton peu aimable, de vous vanter de votre camaraderie avec un coquin accusé de faux et qui finira sa vie au bagne! J'espère que vous n'avez pas l'intention d'essayer de m'empêcher de remplir ma mission?

— Pas le moins du monde! protesta Eugène-François. Par exemple, n'attendez pas de moi une aide quelconque. Vidocq est mon ami et je suis convaincu de son innocence.

— Quand on est innocent, répliqua Jacquard, on ne se sauve pas. Quoi qu'il en soit, je me passerai très bien de votre secours. J'ai en bas quatre agents solides. Vidocq trouvera à qui parler. Il s'est longtemps moqué de moi. Dans un instant, je rirai à mon tour.

Vidocq soupira.

— Tout cela est bien fâcheux! fit-il. Je crains fort une bataille, ce qui ne ferait que rendre plus grave la situation de ce pauvre garçon. Il est fort, il est violent, et la fureur qu'il éprouvera de se voir arrêté peut le porter à des excès déplorables.

Dans son intérêt, et peut-être aussi dans le vôtre, citoyen commissaire, mieux vaudrait agir par ruse, par surprise, de manière à ne pas laisser à Vidocq le temps de se reconnaître. Vous éviteriez le bruit, le scandale, une rixe où l'un de vos agents pourrait recevoir un mauvais coup. En somme, l'important pour vous c'est d'arrêter Vidocq et de le ramener à la tour Saint-Pierre.

— C'est évident! convint Jacquard. Mais je ne vois pas quelle ruse je pourrais employer.

— Oh! remarqua Eugène-François, c'est bien simple! Regardez!

Il ouvrit la porte d'un petit cabinet noir.

— Si vous vous cachiez ici avec vos agents, expliqua-t-il, rien ne vous serait plus facile que de vous précipiter sur votre homme, occupé à faire honneur au repas. Vous ne seriez pas très à votre aise, tous les cinq, dans cet étroit réduit, mais ce ne serait qu'un petit moment à passer. Autrement, rien qu'en apercevant les agents au bas de l'escalier, Vidocq comprendra, se sauvera, et vous ne le rattraperez peut-être jamais.

Cette remarque, qui était juste, eut raison des suprêmes hésitations du commissaire. Il appela ses hommes et s'introduisit avec eux dans le cabinet. Il y était à peine entré que la porte se referma sur lui et que la clef tourna deux fois dans la serrure.

— Vous vouliez arrêter Vidocq! s'écria alors une voix joyeuse. Eh bien! c'est Vidocq qui vous met en cage! Que dites-vous de ce tour-là, citoyen Jacquard?

IX

On ignore quelle fut l'opinion du commissaire ainsi berné, mais on n'a aucune peine à se figurer l'énorme éclat de rire qui accueillit, dans la ville de Lille, cette ébouriffante scène de vaudeville, que le mystifié fut seul à ne pas trouver drôle. Son ardeur s'en accrut. Il redoubla d'activité, manqua Vidocq deux ou trois fois encore, mais réussit enfin à l'arrêter.

Voici donc l'évadé de retour à la prison Saint-Pierre. On l'enferme au cachot en compagnie d'un certain Calendrin, de qui, au cours de son premier emprisonnement, il avait fait la connaissance. Tout de suite ce Calendrin lui révéla qu'au moyen d'un trou, creusé dans le local réservé aux galériens, quatorze prisonniers devaient s'enfuir la nuit suivante et lui proposa de faire le quinzième. Vidocq accepta avec joie. Il devait passer le neuvième, et les huit premiers s'éloignèrent sans encombre, mais il se trouva trop gros pour le trou, lorsqu'il y fut engagé, et y resta pris, ne pouvant ni avancer, ni reculer. En vain ses compagnons réunirent-ils leurs efforts pour le tirer de là. Ils ne parvinrent qu'à lui arracher des cris de douleur. L'éveil fut donné; les gardiens accoururent; on délivra Vidocq qui, tout meurtri, tout écorché, fut mis aux fers pendant dix jours.

Au bout de ce temps, on le replaça parmi les autres détenus. Ceux-ci, pour la plupart, étaient de dangereux bandits, appartenant presque tous à de sinistres organisations de chauffeurs. Ils aimaient à raconter leurs sanglants exploits, et Vidocq se sentait pénétré d'horreur en les écoutant, sans se douter qu'il leur ferait un jour une rude chasse.

En dehors de ces épouvantables récits, la conversation roulait sur les moyens de s'évader, grande préoccupation de tous les prisonniers dans tous les pays du monde. Eugène-François ne disait rien, mais il écoutait, décidé à mettre à profit la première occasion qui se présenterait. Il comptait sur le hasard et sur son propre esprit de décision, qui allait, en effet, le servir merveilleusement. Le hasard peut être une bonne chose, mais si l'esprit de décision n'intervient pas, il n'est plus qu'une occasion perdue.

On a bien des fois raconté l'histoire du célèbre voleur Anthelme Collet, qui, enfermé dans une cuisine, s'empara du bonnet et du tablier d'un marmiton, se mit une corbeille sur la tête, et fila sous le nez des gendarmes chargés de le surveiller. Sans chercher à diminuer en rien la gloire spéciale de ce Collet, on peut dire de lui qu'il ne fut qu'un imitateur. Il avait eu Vidocq pour précurseur.

Voici ce dernier conduit à l'instruction, avec une

bande de voleurs et d'assassins, sous l'escorte de quelques soldats et de deux gendarmes. L'un de ceux-ci est appelé auprès du juge; cinq minutes après, son collègue l'est également, et laisse à sa place son manteau et son chapeau. Vidocq se coiffe du chapeau, s'enveloppe du manteau, prend son voisin par le bras comme pour le conduire satisfaire un besoin naturel, passe devant le caporal de garde, abandonne l'autre détenu dans la rue et détale. Un quart d'heure plus tard, il était en sûreté chez la fidèle Francine, mal revenu lui-même du succès de son extraordinaire audace.

Pour le coup, il convint que ne pas s'éloigner de Lille serait une folie. Il fut décidé que Francine vendrait ses meubles et que tous deux gagneraient la Belgique. Projet sage, assurément, et que rien ne semblait devoir entraver, mais quand on s'appelle Vidocq, que l'on a beaucoup aimé, que l'on a passé de la brune à la blonde, sans oublier la rousse, on n'est jamais à l'abri d'une galante rencontre. C'est pourquoi, deux jours avant celui fixé pour le départ, et tandis que l'aventurier s'était risqué à une dernière sortie dans les rues de Lille, une jolie femme lui sauta au cou. Elle se nommait Elisa et Vidocq avait fait autrefois sa facile conquête à Bruxelles. Il en avait gardé un excellent souvenir, ce qui fit qu'il eut la faiblesse de la suivre chez elle, où il passa la nuit, pendant que Francine se morfondait, désolée, redoutant d'apprendre une nouvelle arrestation de son ami, qui ne reparut que dans la matinée.

Il expliqua qu'ayant été reconnu par des policiers il n'avait eu que le temps de se réfugier dans une maison sûre. C'était plausible. Mais tout se sait, et Francine connut la vérité. Indignée, furieuse, elle déclara qu'entre elle et l'ingrat tout était terminé, et que, pour se venger et l'empêcher de courir à de nouvelles amours, elle allait le dénoncer, le contraignant ainsi à une rigoureuse fidélité. Elle était femme à le faire dans le premier emportement de la colère, quitte à se le reprocher ensuite. Le coupable eut peur et se sauva.

Cinq jours s'écoulèrent. Quittant le refuge où il s'était caché, aux environs de Lille, et ayant emprunté des habits de paysan, Vidocq rentra dans la ville, décidé à obtenir son pardon de l'outragée. Il pensa qu'il convenait de faire agir d'abord une intermédiaire, et il s'adressa à la femme chez laquelle il s'était rendu lors de son originale évasion en costume d'officier. L'accueil réservé qu'il reçut le surprit. Néanmoins, il exposa ce qu'il désirait. La femme parut céder et sortit. Elle n'était pas absente depuis un quart d'heure que des gendarmes apparurent, s'emparèrent de Vidocq, médusé, et le conduisirent devant un magistrat instructeur qui, avant de l'interroger, lui conseilla d'être franc, s'il voulait sauver sa tête.

C'était incompréhensible. Vidocq se refusa à

nommer ceux chez qui, durant cinq jours, il s'était caché, mais il reconnut s'être querellé avec Francine, s'être ensuite introduit chez elle par effraction afin d'y reprendre des objets lui appartenant, et il ne fit aucune difficulté pour convenir que le couteau, taché de sang, qu'on lui montrait, était celui dont il se servait en mangeant.

— Vous n'avez pas autre chose à dire? questionna le juge.

— Rien du tout! affirma Vidocq. Nous nous sommes disputés, Francine et moi, parce que j'avais passé la nuit chez une autre femme. Comme elle parlait de me dénoncer, je me suis enfui, mais je suis revenu dans l'espoir de me raccommoder avec elle. C'est tout ce que je puis vous répondre. Je ne comprends rien à vos questions.

— N'essayez pas de m'en imposer! riposta sévèrement le juge.

Sur quoi, il envoya Vidocq en prison. Chargé de fers, vêtu d'un costume de réclusionnaire, couché sur de la paille, le malheureux cherchait en vain ce qui pouvait lui valoir un pareil traitement, réservé d'ordinaire aux grands criminels. On le laissa languir près d'une semaine, pour l'informer enfin qu'il était accusé d'assassinat! Afin de s'assurer de son silence, il avait assassiné Francine!

Cette histoire, dont la fin allait valoir mieux que le commencement, a sa valeur. Elle apprend combien il faut se montrer prudent, même devant des charges en apparence écrasantes. On avait entendu la querelle extrêmement violente qui s'était produite entre les deux amants, on avait vu Vidocq revenir et s'introduire chez sa maîtresse en brisant un volet, on avait découvert Francine baignant dans son sang, presque morte, incapable de prononcer une parole, frappée de cinq coups de couteau. Comment douter du crime? Comment ne pas accuser Vidocq? Tout accablait celui-ci. Si Francine avait rendu l'âme, rien n'aurait pu le sauver. Par bonheur, la jeune femme n'était pas mortellement atteinte. Elle put témoigner de l'innocence de son ami. Il n'y avait pas eu assassinat, mais tentative de suicide. Rentrant chez elle, constatant que Vidocq avait enlevé ses effets, voyant dans ce fait la preuve d'un abandon définitif, Francine, dans un accès de désespoir, avait voulu se tuer.

Déjà accusé de faux, convaincu de meurtre, Eugène-François n'aurait échappé que difficilement à la guillotine. Cette fin tragique lui fut évitée, mais l'incident n'était pas de nature à rendre moins vif son désir de fausser compagnie à la justice. En conséquence, il se prépara à s'évader de nouveau, idée fixe, qui ne devait jamais le quitter.

X

— Arrêtez-le !... Arrêtez-le !...

Il fait à peine jour. Un homme court à perdre

haleine dans les rues de Lille. Derrière lui, furieux, hurlant, un autre homme précipite sa course.

— Arrêtez-le !... Arrêtez-le !...

C'est Vidocq qui se sauve. Un quart d'heure auparavant, il ne croyait pas sa fuite possible. L'occasion s'est présentée. Il n'a pas résisté à la tentation. Des gendarmes sont venus cher:her deux détenus afin de les conduire au loin. Une porte est demeurée entre-bâillée. Vidocq s'est glissé hors de la chambre. Il a descendu un escalier, a ouvert la porte donnant sur la rue et s'est éloigné. Mais le concierge de la prison, qui buvait un verre de genièvre au cabaret voisin, l'a aperçu et s'est précipité derrière lui.

— Arrêtez-le !... Arrêtez-le !...

A cette heure matinale, personne n'est levé. Le concierge crie vainement. De seconde en seconde, il perd du terrain. L'amour de la liberté donne des ailes au fuyard. Par des détours multiples, en traversant des ruelles qui lui sont familières, il s'échappe, et le voici réfugié dans le faubourg Saint-Sauveur, chez d'aimables femmes qui le cachent avec soin.

Pourtant il sent bien qu'il ne peut plus rester à Lille. C'est un séjour trop dangereux. Il faut le quitter au plus vite, ce qui est plus facile à dire qu'à faire, car cette nouvelle évasion a mis en rage tout le personnel judiciaire et policier. Les portes de la ville sont fermées ; on ne passe plus que par les guichets, et sous la surveillance de gendarmes et d'agents examinant scrupuleusement ceux qui se présentent pour sortir. Donc, il faut trouver un autre moyen. Pourquoi ne pas descendre des remparts à l'aide d'une corde? Rien ne paraît plus simple. Par une nuit noire Vidocq exécute ce projet. Seulement, comme il est lourd, il descend trop rapidement, la corde lui brûle les mains, la douleur lui fait lâcher prise, et il tombe de quatre ou cinq mètres de haut au fond du fossé boueux.

Tout d'abord, il demeure étourdi, mais, lorsqu'il reprend ses sens et veut se lever, une vive souffrance l'en empêche. Dans sa chute, il s'est foulé le pied et ne peut pas marcher. Va-t-il donc rester là, avec la certitude d'être vu dès qu'il fera jour et ramené à la prison? Cette perspective l'épouvante et lui donne une énergie désespérée. Tant bien que mal, soufflant, grognant, jurant, il parvient à se hisser sur le revers du rempart. Là, en dépit de son courage, malgré toute sa volonté, il lui est impossible de se tenir debout. Couché sur l'herbe, il se résigne. Il ne se reproche rien, ayant fait tout ce qu'il pouvait faire.

Une heure s'écoule. Le fugitif est en proie aux plus pénibles réflexions. Tout à coup, un bruit qu'il connaît bien vient frapper son oreille. C'est, encore lointain, le grincement de la roue d'une brouette. Le bruit se rapproche, et bientôt un homme se montre poussant la brouette. Sera-t-il un ami ou un ennemi? La minute est angoissante. A la vue de cet inconnu, gisant sur l'herbe, l'individu s'arrête, un peu effrayé lui-même. C'est un paysan. Il n'a pas une mauvaise physionomie. Vidocq se reprend à espérer.

— L'ami, dit-il, vous me rendriez un grand service en me plaçant sur votre brouette, et en me conduisant chez vous. Je me suis foulé le pied en roulant du haut du rempart. Vous seriez bien payé de vos soins.

L'autre hésitait.

— Voici toujours quelques écus, continue le blessé, en tirant de sa poche le peu d'argent qu'il avait en sa possession. Je ne chicanerai pas pour le reste et je vous jure que vous n'aurez pas obligé un ingrat.

Soit intérêt, soit compassion, le paysan céda, hissa Vidocq sur sa brouette et le transporta dans sa maison, par bonheur peu éloignée, et où sa femme baigna et banda le pied foulé. L'évadé, avec sa chance habituelle, était tombé chez de braves gens. Toutefois, comme il ne pouvait pas se dispenser de leur donner une explication, il raconta qu'il appartenait à une compagnie de contrebandiers et que c'était en introduisant du tabac à Lille qu'il avait fait cette chute malheureuse. Aucune histoire n'eût été plus heureusement imaginée. Les paysans détestent les douaniers et conservent toute leur sympathie pour les contrebandiers. Le couple qui avait recueilli Vidocq obéissait à ces sentiments et le blessé fut traité avec amitié.

Pour éloigner les soupçons, le mari et la femme racontèrent qu'un de leurs parents, venu pour leur rendre visite, s'était trouvé malade chez eux. Quinze jours s'écoulèrent, au bout desquels, se voyant en état de marcher, Vidocq songea à quitter, pour n'y pas reparaître, une contrée où il était perpétuellement en danger. Ce qui l'embarrassait, c'était le défaut d'argent. Certain que Francine ne lui refuserait pas un nouveau secours, il lui écrivit et confia sa lettre au paysan, à qui, se doutant bien que sa fidèle amie devait être surveillée, il recommanda de ne l'aborder qu'en prenant de grandes précautions. La commission fut exécutée, avec succès. Le soir même, le messager revenait, apportant six pièces d'or. Vidocq s'acquitta de ce qu'il devait et partit pour Ostende, où il arriva six jours plus tard. Sa résolution était prise. Il avait la ferme intention de s'embarquer. Mais aucun des capitaines auxquels il s'adressa ne voulut l'accepter à son bord, parce qu'il n'avait pas de papiers.

Encore une fois, Eugène-François, n'ayant plus qu'une somme minime en poche, s'inquiétait sérieusement de l'avenir. Il s'ouvrit de son embarras à un cabaretier chez lequel il était allé plusieurs fois boire du genièvre, et qui lui faisait l'effet d'un homme de bon conseil.

— Mon garçon, lui dit cet homme, je ne sais pas

qui vous êtes et j'ai dans l'idée que vous ne tenez pas à ce que les gendarmes vous examinent sous le nez...

— Mais, interrompit Vidocq, je ne suis pas un voleur !

— Eh ! remarqua le cabaretier, les voleurs ne sont pas seuls à craindre la curiosité des gendarmes. Les déserteurs, par exemple, les évitent autant qu'ils le peuvent. C'est peut-être votre cas. Au fond, je m'en moque. Vos affaires ne me regardent pas. Mais vous êtes fort, et vous devez être adroit et probablement courageux. Je connais quelqu'un à qui vous pourriez être utile. C'est un nommé Peters, qui fait de la contrebande. Il a toujours besoin de gaillards solides et déterminés. Allez le voir. Vous reconnaîtrez sa maison à la chouette que vous apercevrez clouée sur la porte.

Muni de l'adresse de Peters, et ne voyant pas pourquoi il ne deviendrait pas contrebandier, Vidocq se mit en route, découvrit le logis de son futur patron, traversa une cour où causaient cinq ou six hommes et où un énorme terre-neuve le regarda passer en grognant sourdement, et pénétra dans une espèce de cave où Peters, entouré de barriques, de câbles, de voiles, de hamacs, d'avirons, trônait comme un dieu dans son empire. Sans attendre une question, Eugène-François expliqua qu'il était sans ouvrage, qu'il ne demandait qu'à gagner sa vie en faisant de la contrebande, et qu'il priait Peters de l'engager dans sa troupe.

Peters avait écouté sans mot dire, les sourcils froncés, le regard soupçonneux.

— C'est tout? interrogea-t-il.

— C'est tout! répéta Vidocq. J'espère que vous me ferez une bonne réponse.

— Une bonne réponse! ricana Peters. Une bonne réponse! Tiens, mouchard, espion, coquin, la voilà, ma bonne réponse!

En parlant, ayant empoigné un gros bâton, il se mit à en caresser les épaules de l'aspirant contre-bandier avec une telle force que celui-ci prit la fuite, sans essayer de riposter. Il aurait pu le faire, mais il était probable que les hommes qui causaient dans la cour, et le terre-neuve lui-même, se seraient unis à Peters pour l'assommer aux trois quarts. Il s'en alla tout droit raconter sa mésaventure au cabaretier. Celui-ci, au lieu de le plaindre, éclata de rire, puis s'excusa ensuite de n'avoir point songé à munir le pauvre garçon du mot de passe qui lui aurait assuré un meilleur accueil. Il le lui donna et l'engagea à retourner chez Peters, qui, à sa vue, empoigna de nouveau son bâton.

— Tu n'en as donc pas eu assez! lui cria-t-il.

— Gare aux requins! riposta Vidocq.

Le bâton tomba des mains de Peters.

— Pourquoi n'as-tu pas commencé par là? fit-il en riant.

Séance tenante, Vidocq fut admis et traité en camarade. C'était une recrue qui n'était point à mépriser. Jeune, leste, vigoureux, il possédait les qualité requises pour combattre les requins, c'est-à-dire les douaniers, et Peters, après l'avoir introduit au milieu d'une vingtaine d'hommes appartenant à diverses nations, lui promit de lui enseigner toutes les ruses d'un métier où les périls étaient grands, mais où les bénéfices n'étaient pas minces.

Cette promesse, il n'eut pas le loisir de la tenir, car, deux nuits plus tard, il alerta son monde, ayant été averti qu'un petit navire, chargé de contrebande, croisait au large. La bande s'arma de fusils et partit à la hâte. En chemin, d'autres affiliés la rejoignirent. Aux approches de la mer, Peters divisa sa petite armée en trois groupes, le premier comprenant les éclaireurs et les sentinelles avancées, le deuxième constituant un corps de résistance, le dernier s'occupant du débarquement des marchandises, pour lequel, grâce au terre-neuve, un va-et-vient fut établi entre la terre et le bateau.

La nuit était sombre, le vent soufflait en tempête, et, parfois, une pluie glaciale venait gêner les opérations des contrebandiers. Vidocq estimait que cette besogne manquait de charme. Sa répugnance s'accrut, lorsque des coups de fusil isolés annoncèrent que les douaniers arrivaient. L'escarmouche se changea en bataille; il y eut, des

deux côtés, des morts et des blessés, et, finalement,
es contrebandiers battirent en retraite, étant parvenus à mettre en lieu sûr les marchandises débar-
quées.

Dès le lendemain, Vidocq informa Peters qu'il
ne se sentait aucun goût pour ce genre d'existence
et que son intention était de retourner à Lille.
Son chef d'un moment ne chercha point à le rete-
nir, tout en lui exprimant son regret de le perdre,
et lui donna même une centaine de francs.

Retourner à Lille ! On serait tenté de croire que
ce n'était là qu'un prétexte. On se trompait. Réellement, sans réfléchir au péril auquel il s'exposait,
Eugène-François reprit le chemin de la cité fla-
mande. Pourquoi ? Par pure sensibilité. Il regret-
tait Francine. Il pensait à sa tendresse, à sa fidélité,
à son inlassable dévouement que rien n'avait pu
rebuter. Il se reprochait de l'avoir si mal récom-
pensée de ce qu'elle avait fait pour lui, et qui aurait
pu lui valoir de graves ennuis. Peut-être aussi était-
il dans une de ces heures de défaillance morale où
l'on se rattache à la plus faible protection. Quoi qu'il
en soit, tournant le dos à Ostende, il se mit en
marche vers Lille. Une seule chose le tourmentait.
Comment en franchirait-il les portes? Il épuisait
en son esprit tous les moyens. Il n'y en eut qu'un
auquel il ne pensa pas, et qui se trouva être le vrai.
Il allait rentrer à Lille entre deux gendarmes.

Cela se fit très simplement. Des gendarmes qui

buvaient à la porte d'un cabaret de village virent passer Vidocq, de qui l'extérieur n'annonçait pas un mauvais drôle. Néanmoins, ils l'interpellèrent, réclamant son nom et ses papiers. Il dit se nommer Léger. Quant à ses papiers, il affirma les avoir perdus, s'ils ne lui avaient pas été volés. Par instinct et par devoir, la gendarmerie a la méfiance des individus hors d'état de prouver que le nom qu'ils prétendent avoir leur appartient. Vidocq fut conduit à la prison de la brigade. Il n'y était pas enfermé depuis une heure que deux nouveaux gendarmes, assurant la correspondance de Lille, descendirent de cheval et demandèrent à leurs collègues s'ils n'avaient rien de neuf à leur apprendre. Les autres répondirent qu'ils venaient d'arrêter un vagabond, disant s'appeler Léger. Ils allèrent le chercher.

— Eh ! s'écrièrent ensemble les gendarmes lillois, la prise est bonne, citoyens collègues. C'est Vidocq !

XI

On prit des précautions infinies pour conserver en cage cet oiseau fugace qui parvenait toujours à déployer librement ses ailes. Il fut enfermé avec un certain Duhamel, dans un cachot presque fortifié. Toute espérance de s'enfuir lui paraissait interdite. Mais il était de ceux qui ne désespèrent jamais.

Ayant pu conserver un peu d'argent, il se procura quelques outils et des couverts d'étain avec lesquels il fabriqua une clef lui permettant d'ouvrir la porte de sa prison. Il s'agissait de gagner le grenier de l'hôtel de ville, en creusant un trou dans la muraille voisine.

Ce fut un autre détenu qui s'en chargea. Ce détenu se nommait Salambier, criminel des plus dangereux, dont on n'a pas perdu le souvenir à Lille. Commerçant honorablement connu dans cette ville, Salambier était en même temps le chef d'une redoutable compagnie de chauffeurs. Un hasard amena son arrestation, qui causa une immense stupeur. On se refusait à croire qu'il avait commis les crimes atroces dont il était accusé, les assassinats isolés, le meurtre de familles entières, des scènes de sauvagerie qu'il ne chercha pas à nier, une foule de forfaits qui ne furent égalés, à la même époque, que par ceux accomplis par le fameux Moneuse aux environs d'Avesnes. Duhamel ne valait pas mieux que lui.

Tels étaient les deux scélérats en compagnie desquels Vidocq projetait de s'enfuir. Il l'aurait fait, si un prisonnier qui lui avait arraché la confidence de ses intentions ne l'en avait dissuadé, en lui apprenant ce que c'était que Salambier. Pouvait-il s'associer à un bandit de cette espèce, qui, pour se procurer des ressources, n'hésiterait pas à se rendre coupable d'un nouvel assassinat ? Vidocq était une tête brûlée, mais il n'avait rien du voleur, encore moins du meurtrier. Il laissa donc Duhamel et Salambier s'échapper sans lui, évasion qui provoqua une formidable émotion, et, parce qu'il n'était pas parti avec eux, on le crut enfin résigné à son sort, ce qui démontre que ses gardiens n'étaient pas pourvus d'une fine et pénétrante psychologie.

Loin d'être résigné, en effet, Eugène-François était plus décidé que jamais à abandonner la prison. Il lui parut plaisant de le faire en se servant du trou pratiqué par les deux bandits. Cette brèche, on l'a vu, donnait accès dans le grenier de l'hôtel de ville. Pour la surveiller, en attendant les constatations nécessaires, on avait placé une sentinelle de chaque côté, avec ordre de ne laisser approcher personne. Un troisième soldat veillait au bas de l'escalier conduisant aux étages supérieurs. L'entreprise semblait donc à peu près irréalisable.

On n'avait pas encore dit que le mot impossible n'est pas français, mais Vidocq aurait pu l'affirmer avec raison. Il est vrai qu'aux alentours de la vingtième année on envisage avec audace et confiance des tentatives auxquelles la prudence et la raison d'un homme mûr se refuseraient. Vidocq eut recours à son amie Francine, toujours prête à le seconder. Il se fit apporter par elle quatre ou cinq mètres de rubans tricolores, s'en fabriqua une ceinture, en orna son chapeau, et marcha droit au soldat qui gardait l'escalier, et qui, le prenant pour un officier municipal, lui présenta les armes.

Le début était d'heureux **augure**, mais le plus difficile restait à faire. Rendu confiant par ce premier succès, Vidocq monte jusqu'au **trou**. Ses rubans impressionnent les sentinelles, qui saluent respectueusement ce personnage important. Il examine l'étroit passage et, l'air sceptique, se prend à hocher la tête.

— On ne me fera jamais croire, dit-il enfin, s'adressant aux deux soldats, que ces gredins ont pu se sauver par là ! C'est une histoire inventée pour ne pas compromettre celui qui leur a ouvert la porte.

— Je vous demande pardon, citoyen ! répondit l'une des sentinelles. Le trou paraît petit, mais il est assez large pour qu'un homme puisse y passer.

Vidocq ne parut pas convaincu.

— Mon camarade a raison ! affirma l'autre soldat. Vous y passeriez tout habillé, citoyen.

— Le pensez-vous sérieusement? interrogea Eugène-François.

Les deux hommes déclarèrent que rien n'était plus certain.

— J'ai bonne envie de m'en assurer par moi-même ! fit Vidocq. Si vous ne vous trompez pas, cela m'amènerait à modifier les conclusions de mon rapport. Je ne voudrais pas faire peser des soupçons sur un innocent.

— Essayez, citoyen! Essayez! conseillèrent les sentinelles.

Le conseil fut suivi. Voici Vidocq dans le grenier de l'hôtel de ville, Il paraît étonné.

— Je ne l'aurais pas cru! murmure-t-il. Vous aviez raison!

Il s'apprête à repasser.

— Mais, remarque-t-il, j'aurais plus vite fait de redescendre par ici à mon cabinet.

La sentinelle du grenier s'empresse.

— Parfaitement, citoyen! dit-elle. Par précaution, la porte est fermée, mais je vais vous l'ouvrir.

Le brave garçon le fait comme il le dit, et Vidocq, libre une fois de plus, ayant pu sortir sans encombre de l'hôtel de ville, prend sa course, non sans s'être débarrassé de ses rubans tricolores, et file dans la direction de Courtrai, riant intérieurement à la pensée du tumulte qui a dû suivre la découverte de sa nouvelle disparition, non moins extraordinaire que les précédentes.

Il ne se trompait pas. Le concierge, qui le surveillait particulièrement, s'inquiéta en ne l'apercevant pas dans la cour, et le chercha du haut en bas de la prison. Tout le monde fut interrogé. Les soldats racontèrent naïvement ce qui s'était passé et furent envoyés à la salle de police, bien que leur innocence ne fût pas douteuse. On arrêta Francine. Elle prétendit ne pas savoir pourquoi Vidocq lui avait demandé de lui apporter des rubans, mais, la tenant pour complice, on la condamna à six mois de détention, ce que son ami apprit plus tard avec beaucoup de chagrin.

Quant à lui, la chance le favorisa d'abord. Il parvint à Courtrai sans avoir rencontré des gendarmes indiscrets et, sur sa belle mine, l'escamoteur Olivier et son associé Devoye l'engagèrentpour jouer la pantomime. Ces deux banquistes n'apportaient, d'ailleurs, aucun rigorisme dans le recrutement de leur troupe, parmi laquelle Vidocq reconnut plusieurs évadés, y compris le paillasse. Cette aventure l'amusa. Elle lui rappela le début de sa carrière aventureuse, alors qu'il nettoyait les lampions de M. Comus « le premier physicien de l'univers », qui, n'ayant pu faire de lui un sauteur, avait voulu le transformer en homme sauvage, mangeur de poulets et de lapins vivants. Il n'en allait pas ainsi chez Olivier et Devoye. Très vite Eugène-François devint l'étoile de la compagnie. Il possédait merveilleusement l'art de se grimer et son jeu de scène était excellent.

— Tu iras loin, mon garçon! lui disait Olivier. Oui, insistait-il en plaisantant, tu iras loin, si tu n'es pas pendu auparavant!

A quoi peut tenir la destinée d'un homme? Qui sait si l'on ne parlerait pas, aujourd'hui encore, d'Eugène-François Vidocq comme du plus brillant prédécesseur de l'illustre Debureau, si un envieux ne lui avait pas donné un coup de poignard dans le dos? Un soir, alors qu'il allait paraître devant un public qui l'attendait avec impatience, un gendarme lui mit la main sur l'épaule, en l'interpellant par son nom. Il avait été dénoncé par le paillasse, irrité de ses succès et furieux de lui avoir vu prendre la première place. Ce pitre, qui se croyait un artiste, et qui était incapable de remplir un autre emploi que celui de recevoir des coups de pied dans le derrière, s'était lâchement vengé des torts imaginaires du pauvre Vidocq.

Tristement, la tête basse, gardant le silence, le mime déchu suivit les gendarmes, qui le menèrent à Douai où, pour commencer, on le mit aux fers. Il était réputé dangereux. Ce qu'on ne lui pardonnait pas, c'était la mystification incessante qui consistait à s'évader dès qu'on l'avait enfermé.

Deux autres prisonniers occupaient le cachot où il avait été jeté, un réduit peuplé de vermine, sans air, sans lumière, situé au niveau des eaux de la Scarpe. Les trois hommes ne tardèrent pas à préparer leur fuite. Sachant nager, ils s'arrêtèrent à l'idée de s'en aller par la rivière, mais ils prirent mal leurs mesures et, quand ils enlevèrent la dernière pierre les séparant de la liberté, un torrent d'eau se précipita dans le cachot, où ils seraient morts noyés si, à leurs appels désespérés, on n'était pas venu les secourir.

Il parut à Vidocq que le destin se prononçait contre lui, et cette conviction l'accabla. Il faillit renoncer à la lutte. Défaillance momentanée. Conférant avec son avocat dans un couloir du tribunal, où il était conduit à l'instruction, il profita de ce que son défenseur s'entretenait avec un autre détenu, pour s'esquiver doucement par la porte voisine. Quatre jours plus tard, il était à Compiègne, où il rencontra un détachement de hussards se rendant à Paris. Il demanda à l'officier qui le commandait s'il ne lui serait pas possible de s'engager dans le régiment. La réponse fut négative.

— En ce qui me concerne, dit le lieutenant, je ne puis faire aucun engagement. Cela regarde le colonel. Mais, comme vous paraissez misérable, mon garçon, je vous autorise à nous accompagner. Nous allons chercher à Paris des chevaux de remonte. Vous les panserez, et vous reviendrez avec nous à Guise, où est le dépôt.

Lorsque le détachement fut de retour à Guise, le colonel consentit à engager Vidocq, résolu à ne plus abandonner la vie militaire et se croyant sauvegardé par son uniforme de hussard. Calcul que déjoua la mauvaise fortune. Un gendarme de Douai, ayant permuté avec un de ses camarades de Guise, reconnut l'évadé comme celui-ci sortait de la caserne et l'arrêta. Vidocq, abasourdi, n'essaya pas de s'échapper. Il fut ramené à Douai, chargé de chaînes, enfermé dans un cachot horrible, où il eut la douleur d'apprendre que les quatre auteurs du faux ordre de libération du cultivateur

Boitel s'étaient entendus pour le charger, mettant à son compte les signatures imaginaires et l'apposition du cachet.

La gravité de son cas ne lui échappa pas. Il entrevit la condamnation qui l'attendait. On allait l'envoyer au bagne. Tout, plutôt qu'un sort pareil! La tentative la plus folle ne pouvait-elle pas réussir ? En somme, au point où il en était, que risquait-il? C'est pourquoi, sa punition de cachot étant terminée, il saute, en cours de route, de la voiture qui le ramenait à la prison ordinaire, et dans laquelle étaient avec lui deux gendarmes. Ceux-ci, embarrassés par leurs sabres et leurs grandes bottes, perdent un temps précieux. Lorsqu'ils peuvent enfin courir après Vidocq, ce dernier est loin, si loin qu'il est impossible de le rejoindre.

Il marche jusqu'à Dunkerque, riche d'un peu d'argent qu'il a reçu de sa pauvre mère, et là, bonheur inespéré, le subrécargue d'un bateau suédois, à la veille de lever l'ancre, accepte de l'emmener. Ce départ, c'est vraiment la liberté, la fin de tous les malheurs, de toutes les peines, la cessation d'un perpétuel mauvais rêve. Sous les habits de matelot qu'il vient de revêtir, qui donc pourrait le découvrir? Qui donc pourrait l'empêcher de quitter la France, de se faire une vie heureuse, d'échapper à l'injuste châtiment dont il est menacé?

Eh! parbleu! ce sera Vidocq lui-même. Afin de prendre livraison d'un chargement de biscuits, le subrécargue s'en va à Saint-Omer et se fait accompagner par son nouveau matelot, lequel entre dans un cabaret pour se rafraîchir. Des buveurs sont là, qui se querellent, échangeant des injures et des menaces. Le turbulent Vidocq, que cette affaire ne regarde pas, éprouve le besoin de se mêler à la dispute. Les choses s'enveniment, on en vient aux coups, la rixe se fait générale et la police arrive. On emmène au violon tous ces furieux. On leur demande leurs papiers. Vidocq n'en a pas. Ne serait-il pas un évadé? On sait que plusieurs détenus se sont enfuis de la prison centrale de Douai. On l'y ramène.

C'est la fin. Après deux malheureux essais d'évasion, suivis d'une répression presque sauvage, Eugène-François comparaît enfin devant le tribunal, qui le condamne, ainsi que l'ancien sous-officier Herbeaux, à huit ans de travaux forcés.

Les années aventureuses sont terminées...

Les années douloureuses vont commencer.

DEUXIÈME PARTIE

LES ANNÉES DOULOUREUSES

I

Cette condamnation injuste et cruelle, qui envoyait au bagne, pour huit années, un jeune homme de vingt-deux ans, a été fréquemment exploitée contre Vidocq, à l'époque où il exerçait, environné de légendes, ses fonctions de chef de la sûreté. C'était un ancien forçat, qui n'avait pu se soustraire au châtiment de ses crimes qu'en livrant ses complices. Pour le moins, il avait commis une foule de vols. Qu'il eût été un assassin, on ne pouvait pas l'assurer, mais la chose ne paraissait pas impossible.

Ces soupçons, ces accusations vagues, le suivirent jusqu'à sa mort, après avoir été répandues avec perfidie par les individus auxquels il commandait, anciens condamnés qu'il avait cru pouvoir associer à son œuvre de répression, et qui enviaient sa place. Personne ne semblait s'aviser qu'on n'aurait pas confié un emploi tel que le sien à un véritable criminel.

En fait, on l'a vu, il n'avait rien à se reprocher dans cette affaire de faux qui l'avait conduit aux travaux forcés. Il est assez curieux de constater qu'en racontant son existence mouvementée il ne récrimine presque pas contre ses juges, se bornant à faire observer qu'une pareille mystification ne vaudrait plus à ses auteurs qu'une légère peine correctionnelle. Malheureusement pour lui, la mode n'était pas à l'indulgence. Les lois avaient des rigueurs que nous ne connaissons plus et qu'il ne faut pas regretter. Les pénalités se sont adoucies. On a compris qu'il ne convient pas de précipiter un homme dans l'abîme et de lui interdire tout retour possible vers une vie honorable, parce qu'il se sera rendu coupable d'une faute vénielle.

Ce qu'il faut regretter, il est vrai, c'est l'étonnante faiblesse dont on fait trop souvent preuve, et qui choque le sentiment de la justice, en même temps qu'elle est dangereuse pour la société. A ce point de vue, l'excès de rigueur et l'excès de douceur se rejoignent fâcheusement. On ne corrigera pas les mauvais penchants par le moyen d'une répression bénigne. En condamnant sans pitié, on pousse un malheureux vers la révolte et la vengeance; on le livre aux compromissions les plus démoralisantes; on l'abandonne à tous les mauvais conseils.

Vidocq n'était pas un méchant garçon. Évidemment, et ses multiples liaisons féminines le démontrent, il n'avait pas de la saine morale une compréhension suffisante, et sa facilité à recevoir des subsides de Francine et autres filles de la même catégorie ne saurait lui conférer un brevet de délicatesse. Il en a convenu, s'excusant sur son éducation et sur les habitudes du milieu où il vivait. Il aurait pu, par surcroît, invoquer des exemples presque illustres, à commencer par celui de M. d'Artagnan, mais il n'est pas interdit de supposer qu'il n'avait aucune idée de M. d'Artagnan, et qu'il n'avait pas tardé à oublier, d'autre part, les excellents avis de son jeune et compassé voisin, M. de Robespierre. Malgré tout, il faut le répéter, ce n'était pas un méchant garçon.

Mais ne risquait-on pas de faire de lui un dangereux criminel, en l'envoyant au milieu des voleurs et des assassins, parmi cette effroyable population des bagnes où le crime était en honneur, où d'abominables bandits étaient d'autant plus admirés par leurs compagnons de chiourme qu'ils étaient plus couverts de sang, où l'on s'amusait au récit des atrocités des chauffeurs, où l'on n'accordait qu'une mince considération à celui qui n'avait qu'un meurtre sur la conscience?

En la personne d'Eugène-François Vidocq, ce n'était qu'un écervelé que l'on jetait aux travaux forcés. Quand il en sortirait, il serait peut-être devenu un animal féroce. Aussi faut-il admirer la force de caractère qu'il ne cessa pas de montrer, au cours des tristes années qui s'ouvraient devant lui, pour ne pas s'abandonner au courant qui aurait pu l'entraîner, pour ne pas sombrer dans l'infamie, pour rester honnête homme et se créer une vie de travail et de probité, sans cesser pour cela d'être l'aventurier qu'il avait été dans le passé et qu'il était encore à la veille de sa mort.

Le jugement prononcé contre lui était susceptible d'appel. Il ne voulut cependant pas tenter cette chance. Ce qui le fit reculer, a-t-il expliqué, ce fut la perspective de passer plusieurs mois dans la prison de Douai, où les détenus en général, et les condamnés en particulier, étaient l'objet des pires brutalités de la part des gardiens. Il lui restait, d'ailleurs, la possibilité d'un recours en grâce, lorsqu'il serait arrivé au bagne, mais il espérait surtout qu'en cours de route il parviendrait à s'évader. Ce fut pourquoi il accueillit avec joie, au bout de longues semaines, la nouvelle de son imminent départ.

Tout de suite il conçut un plan d'évasion par la force. La chaîne, en se rendant à Paris, devait traverser la forêt de Compiègne. L'endroit était propice pour une révolte. Les autres forçats, instruits de son idée, l'accueillirent avec empressement. L'un deux, nommé Desfosseux, longtemps camarade de cachot de Vidocq, et qui cachait toujours sur lui des limes et une petite scie, coupa tous les fers, et, comme les charrettes parvenaient au milieu de la forêt, quatorze prisonniers sautent sur la route, s'enfoncent dans les bois, et engagent un terrible combat avec les gendarmes et les dragons de l'escorte. Ceux-ci, accablés de pierres, ripostent par des coups de feu. Deux forçats sont grièvement blessés, cinq sont tués, les autres s'agenouillent, demandent grâce et reprennent leur place sur les charrettes.

Après ce dramatique incident, le voyage se poursuit en paix jusqu'aux portes de Paris. Vidocq ne les aperçut pas sans mélancolie. Il se souvenait de les avoir franchies jadis avec l'assurance que donne la possession d'une forte somme d'argent. Hélas ! cette richesse avait été vite épuisée, grâce aux roueries de l'astucieuse Rosine. N'eût-il pas été plus sage de se contenter de la soubrette Divine, qui était une bonne fille? Il était un peu tard pour s'en aviser. Eugène-François soupira, tandis que le convoi, évitant la capitale, se dirigeait vers Bicêtre.

Les forçats, débarrassés de leurs chaînes, y reçurent un accueil amical et empressé de la part de gredins de qui, pour la plupart, ils étaient connus. Desfosseux présenta Vidocq, vantant son audace, son énergie, racontant ses évasions extraordinaires. La compagnie jugea qu'il convenait de fêter une recrue qui donnait de si belles espérances, et il y eut fête à la cantine. Parmi les criminels déjà célèbres qui assistaient à cette réjouissance, certains devaient plus tard rencontrer Vidocq dans des circonstances moins joyeuses pour eux. A cette heure-là, ils le considéraient comme un des leurs.

Les accolades et les toasts furent interrompus par l'arrivée d'un inspecteur, qui conduisit les derniers venus dans un vaste local, qu'on appelait le Fort-Mahon, où Vidocq fut chargé de la distribution des vivres, ce qui lui valut le titre de brigadier et un bon lit. Il fut bientôt populaire parmi les douze cents malfaiteurs peuplant alors Bicêtre, et qui, à peine surveillés, agissaient à leur guise dans la prison, se volant les uns les autres, se livrant sans contrainte aux vices les plus honteux. Démagogie du crime et du libertinage, telle était cette prison répugnante, dont le nom seul faisait horreur, et que l'on aurait pu considérer justement comme une école de dépravation. Sortir d'un semblable lieu fut la première pensée d'Eugène-François. Il voulait gagner un port de mer et s'y embarquer, se jurant bien de ne pas renouveler sa sottise de Saint-Omer. A force d'y songer, il s'avisa d'un plan audacieux, le communiqua à ses camarades et le leur fit adopter. Le récit qu'il fait de cette tentative dans ses Mémoires vaut la peine d'être cité.

« J'imaginai enfin, dit-il, qu'en perçant le carreau du Fort-Mahon pour gagner les aqueducs pratiqués sous la maison, nous pourrions, au moyen d'une courte mine, arriver dans la cour des fous, d'où il ne devait pas être difficile de gagner l'extérieur. Ce projet fut exécuté en dix jours et autant de nuits. Pendant tout ce temps, les détenus dont on croyait devoir se méfier ne sortaient qu'accompagnés d'un homme sûr. Il fallut cependant attendre que la lune fût sur son déclin. Enfin, le 13 octobre 1797, à deux heures du matin, nous descendîmes dans l'aqueduc au nombre de trente-quatre. Munis de plusieurs lanternes sourdes, nous eûmes bientôt ouvert le passage souterrain et pénétré dans la cour des fous. Il s'agissait de trouver une échelle, ou tout au moins quelque chose qui pût en tenir lieu, pour escalader les murs; une perche assez longue nous tomba enfin sous la main, et nous allions tirer au doigt mouillé à qui monterait le premier, quand un bruit de chaînes troubla tout à coup le silence de la nuit.

« Un chien sortit d'une niche placée dans un angle de la cour... Nous restâmes immobiles, retenant jusqu'à notre haleine, car le moment était décisif... Après s'être étendu en bâillant, comme s'il n'eut voulu que changer de place, l'animal remit une patte dans sa niche paraissant vouloir y entrer; nous nous croyions sauvés. Tout à coup, il tourna la tête vers l'endroit où nous étions entassés et fixa sur nous deux yeux qui semblaient des charbons ardents. Un grognement sourd fut alors suivi d'aboiements qui firent retentir toute la maison. Desfosseux voulait d'abord essayer de lui tordre le cou, mais l'indiscret était de taille à rendre l'issue de la lutte assez douteuse. Il nous parut plus prudent de nous blottir dans une grande pièce ouverte, qui servait au traitement des aliénés, mais le chien n'en continua pas moins son concerto et ses collègues s'étant mis de la partie, le vacarme devint tel, que l'inspecteur des salles, Giroux, vit qu'il se passait quelque chose parmi ses pensionnaires. Connaissant son monde, il commença sa ronde par le Fort-Mahon, et faillit tomber à la renverse en ne trouvant plus personne. A ses cris, le concierge, les guichetiers, la garde, tout accourut. On eut bientôt découvert le chemin que nous avions pris, et l'on n'en prit pas d'autre pour arriver dans la cour des fous, où le chien, ayant été déchaîné, courut droit à nous. La garde entra alors dans la pièce où nous nous trouvions, la baïonnette croisée, comme s'il se fut agi d'enlever une redoute; on nous mit les menottes, prélude ordinaire de tout ce qui se fait d'un peu important en prison, puis nous rentrâmes, non pas au Fort-Mahon, mais au cachot, sans qu'on nous fit toutefois éprouver aucun mauvais traitement. »

Vidocq resta huit jours au cachot. A peine en fut-il sorti qu'il se prit de nouveau à rêver d'évasion, mais il n'eut pas le loisir de fournir aux gardiens de Bicêtre une deuxième preuve de son ingéniosité, car, sur ces entrefaites, le départ de la chaîne fut décidé.

II

Eugène-Franço:is ne devait jamais oublier la date du 20 novembre 1797.

Ce fut ce jour-là, en effet, qu'avec une centaine d'autres condamnés il subit le ferrement qui précédait la mise en route des forçats envoyés à Brest. Il ne perdit pas davantage le souvenir de l'horrible et douloureux voyage de vingt-quatre jours qui l'amena au lazaret où les galériens subissaient une quarantaine avant d'aller prendre leur place. Épouvanté, désespéré, il essaya de s'enfuir de ce lazaret, mais il se foula les deux pieds en sautant d'un mur élevé, et il s'estima heureux de ne pas recevoir la bâtonnade, grâce à l'intervention d'une religieuse qui intercéda en sa faveur. Ceci retarda de deux ou trois semaines son entrée au bagne, où on l'accoupla avec un pauvre diable qui purgeait avec résignation une condamnation à huit années de travaux forcés pour avoir volé des poules dans un presbytère. Cet homme eut pitié de son nouveau compagnon et l'engagea à s'évader sans plus attendre.

— Il n'y a que six jours que tu es ici, lui dit-il, et les argousins ne connaissent pas encore très bien ta figure. C'est une chance que tu n'auras plus dans un mois. Il faut en profiter. Puisque tu as un peu d'argent, je pourrai te procurer des habits de matelot. J'ai de quoi scier tes fers. En allant à la corvée, nous nous cacherons derrière des piles de bois où tu pourras abandonner ton costume de forçat. Ensuite, tu fileras. Pour mon compte, ayant aidé à ton évasion, je recevrai des coups de bâton. Ce sera dur. Mais tant pis ! J'aurai eu le plaisir de rendre service à un brave garçon condamné plus injustement que moi, puisque tu n'as même pas volé des poules.

Vidocq n'a pas dit s'il embrassa le malheureux qui se condamnait volontairement à un rude châtiment pour lui permettre de s'enfuir. On aime à le supposer. Quoi qu'il en soit, les choses s'arrangèrent à merveille. Transformé en matelot, et se dandinant comme il convenait, il franchit la grille du bagne et se vit dans les rues de Brest, qu'il ne connaissait pas du tout, ne sachant de quel côté se diriger, et craignant que son embarras ne le fît remarquer. Il marcha donc au hasard et finit par se trouver devant la porte de la ville.

Ici débute une aventure telle qu'un romancier hésiterait à l'imaginer. Les péripéties en sont extraordinaires, et, à certaines minutes, on demeure stupéfait devant les jeux du hasard. On s'explique le faux Martin Guerre ; on comprend l'imposture de Tichborne ; on admet Rocambole et l'on ne sourit plus en face du défunt Brichet de Chavette.

Près de cette porte veillait, fumant sa pipe, un vieil homme d'aspect renfrogné, à la vue duquel Vidocq éprouva une vive inquiétude. C'était un ancien garde-chiourme, qui se vantait de deviner un forçat au premier coup d'œil. Le compagnon de chaîne de l'évadé l'avait averti de ce danger. Prudemment, afin de se donner une contenance, l'air d'avoir été chargé d'une commission, Vidocq avait acheté un pot de lait. Déposant ce pot sur le sol, aux pieds du terrible gardien, tirant sa pipe de sa poche et la bourrant, il demanda du feu que l'autre lui donna. Tous deux échangent quelques propos insignifiants, puis le fuyard gagne la campagne et marche vite.

Trois quarts d'heure s'écoulent. Trois coups de canons se font entendre. Là-bas, au bagne, on vient de constater qu'un forçat s'est évadé. Presque aussitôt, le fugitif aperçoit des paysans, le fusil à la main, courant les champs, fouillant les buissons, inspectant les fossés, prêts à tirer sur le malheureux qu'ils cherchent, pour gagner la prime que leur vaudra sa capture, s'il fait mine de se défendre. Spectacle peu rassurant. Plusieurs de ces paysans passent auprès du matelot. Il se risque à interroger l'un deux, voulant savoir, dit-il, la cause de ce remue-ménage. L'interpellé prend à peine le temps de l'en instruire et poursuit sa chasse au gibier humain.

Vidocq marche toujours. La nuit va tomber. Il

ignore où il est. Il craint de s'être rapproché de Brest. Il croise deux femmes, qui ne paraissent pas le comprendre lorsqu'il les prie de lui indiquer une auberge ou il pourra passer la nuit. Pourtant, l'une d'elles lui désigne une maison qui ressemble à un cabaret, et qui, en effet, en est un. Il entre. Plusieurs hommes sont là. En voyant un inconnu, le cabaretier se lève. Trouble de Vidocq. Ce cabaretier est en même temps le garde champêtre.

— Que voulez-vous? questionne-t-il.

Il ne faut jamais beaucoup de temps à Eugène-François pour se remettre.

— Je veux parler au maire, répondit-il, et puisque vous êtes le garde champêtre je vous serais obligé de me conduire chez lui.

— Ce n'est pas la peine ! dit un autre homme. Le maire, c'est moi !

Vidocq, qui avait pensé fausser compagnie au garde champêtre pendant le trajet, ne perd pas la tête.

— Je viens de Morlaix, explique-t-il, et je vais à Brest, mais je me suis perdu. Si l'on pouvait m'indiquer le bon chemin, ou m'accompagner jusqu'au bout, je paierais le dérangement.

Le maire eut-il un soupçon?

— Mon garçon, répliqua-t-il, nous sommes à cinq lieues de Brest. Il est trop tard pour faire ce chemin. Mais, si vous voulez coucher dans ma grange, le garde vous accompagnera demain matin jusqu'à Brest, où il doit ramener un forçat évadé.

Vidocq sentit un frisson lui courir dans le dos, mais ce n'était pas le moment de paraître embarrassé.

— J'accepte de bon cœur, fit-il, et je ne serai pas fâché de me reposer un peu. Mais, ajouta-t-il, je vais d'abord vous montrer mes papiers.

Il se fouille. Il paraît surpris. Il va d'une poche à l'autre. Il se tâte à vingt reprises. Tout à coup, il se frappe le front.

— Imbécile que je suis ! s'écrie-t-il. J'ai laissé ces paperasses chez moi, à Morlaix. Il faut absolument que j'y retourne. Si le garde veut bien venir avec moi, nous pourrions être de retour ici demain matin et je l'aiderais à conduire à Brest le forçat évadé.

La proposition est acceptée. On devine la suite. Avant l'arrivée à Morlaix, le garde champêtre était ivre aux trois quarts. Un bol d'eau-de-vie, dans un cabaret de la ville, l'acheva. Il dormait déjà lorsque Vidocq lui recommanda de l'attendre, tandis qu'il irait chercher ses papiers.

S'étant enquis de la route de Vannes, le fuyard filait bon train. A mesure qu'il s'éloignait, l'espérance de n'être pas repris grandissait en son cœur. Deux journées s'écoulèrent sans incident. Au matin de la troisième, des gendarmes apparurent sur la route. A leur vue, Vidocq hésita. Il fut tenté de se jeter dans un chemin creux. Mauvaise solution. Il serait vite rejoint. Mieux valait affronter le péril. Tout ceci n'avait pris que dix secondes, mais les gendarmes sont perspicaces et soupçonneux. Le brusque arrêt du matelot à leur aspect éveilla leur méfiance. Ils l'invitèrent à montrer ses papiers, et, comme il avouait n'en pas avoir, ils l'arrêtèrent, tout en l'interrogeant.

— Je me nomme Duval, déclara-t-il, lâchant le premier nom qui lui vint à l'esprit, et je suis déserteur de la frégate la *Cocarde*, actuellement en rade de Saint-Malo. Je me suis sauvé parce qu'on ne voulait pas me donner une permission pour aller à Lorient embrasser mes parents.

Le brigadier sursauta.

— Hein! s'écria-t-il. Vous êtes Auguste Duval, le fils du père Duval, qui demeure sur la place, à Lorient, près de l'Hôtel de la Boule d'Or?

— C'est moi-même! affirma audacieusement Vidocq.

Le brigadier était désolé d'avoir arrêté le fils du brave père Duval. Il aurait voulu le relâcher, mais si le gendarme n'est pas sans pitié, au contraire de ce qu'un humoriste a tenté de faire croire, il est l'esclave de son devoir. Le faux Auguste Duval fut donc maintenu en état d'arrestation et expédié sur Lorient, où sa famille serait autorisée à le voir et à l'embrasser, avant sa mise en jugement. La scène ne manquerait pas d'imprévu, et les suites n'en seraient probablement pas très heureuses pour l'imposteur, mais, d'ici là, la chance ne pouvait-elle pas intervenir en sa faveur? Vidocq avait été souvent trahi par elle; néanmoins, il lui gardait sa confiance, ressemblant à ces joueurs qui, presque toujours abandonnés par la veine, persistent à compter sur son retour.

A Lorient, le faux Auguste Duval est enfermé avec un jeune marin ayant frappé un officier, et qui l'examine avec surprise, d'une manière si singulière qu'il ne peut s'empêcher de lui en demander la raison. Le marin sourit d'une façon bizarre. Vidocq insiste.

— Eh! bien, répond son compagnon, si vous voulez me payer à déjeuner, je vous dirai quelque chose qui ne vous fera pas de peine.

Le déjeuner est offert, et, au dessert, le prisonnier parle. Il sait très bien que le matelot n'est pas Auguste Duval, avec qui il a navigué, attendu que le dit Auguste est mort d'une mauvaise fièvre à la Martinique, deux ans auparavant, ce que sa famille ignore encore. Parti jeune, il avait beaucoup changé, mais on pouvait le reconnaître, grâce à un tatouage qu'il portait au bras, et qui représentait un autel. Sur ses parents, leurs habitudes, leur situation, le nouvel ami de Vidocq abondait en renseignements. Il indiquait aussi un tic familier au défunt. Restait le tatouage. En quinze jours, passés ensemble au cachot, il se chargeait de le reproduire avec fidélité.

Se faire mettre au cachot n'était qu'un jeu. Bombarder un fonctionnaire avec des os et des croûtes de pain, répondre insolemment aux gardiens, crier, chanter, gambader, refuser d'obéir, il n'en fallait pas davantage. Au bout de la quinzaine, Vidocq était tatoué et aurait pu raconter toute l'histoire de la famille Duval depuis plusieurs générations.

Avant de l'expédier à Saint-Malo, où il aurait à comparaître devant un tribunal maritime, on fit appeler ses parents. Minute critique! Minute touchante! Le père Duval reconnut son fils, qui se jeta dans ses bras; la mère Duval pleure en embrassant son enfant; un oncle Duval presse son neveu sur sa poitrine; une charmante cousine Duval sourit gentiment à son cousin et lui permet de cueillir de doux baisers sur ses joues. Finalement, à l'heure de la séparation, le bonhomme Duval remet au fils retrouvé une bourse contenant cinq ou six pièces d'or, y ajoute sa bénédiction, et la famille s'en va en s'essuyant les yeux.

III

Cette histoire était admirable, mais elle ne rendait pas l'horizon plus clair et le lendemain plus sûr. A Saint-Malo, l'imposture serait découverte. Aucun Auguste Duval ne figurait sur les rôles de cette frégate la *Cocarde*, dont Vidocq avait su la présence devant la vieille cité malouine. Il fallait donc éviter d'y être conduit, c'est à-dire s'évader en chemin, ce qui était peut-être moins difficile que de sortir du bagne de Brest. La seconde propice se présenterait certainement. Le prétendu déserteur n'était pas gaillard à la laisser passer sans en profiter.

Pourtant, elle se faisait encore attendre lorsque l'on parvint à Quimper, où Eugène-François se crut perdu en se trouvant en face, dans le local où il devait coucher, d'un forçat de Brest, que l'on transférait à Rochefort, et qui le connaissait. Il lui raconta son histoire et ne fut pas trahi, au contraire de ce qu'il craignait. En revanche, il ne voyait se dessiner, dans cette prison de Quimper, aucun moyen de s'enfuir, et, d'heure en heure, il redoutait d'être remis en route pour Saint-Malo. Il fallait aviser. Le plus simple était de simuler une maladie et de se faire admettre à l'hôpital, méthode classique qui permettait de gagner du temps.

S'étant donné la fièvre en avalant du jus de tabac et ayant employé un procédé qui lui avait été enseigné à Bicêtre pour se faire enfler la tête, il dérouta les médecins de l'hôpital. Ne comprenant rien à l'étrange maladie du matelot déserteur, ces derniers eurent recours à un traitement dont le seul mérite était de ne pas nuire au patient. Ils prescri-

virent une diète rigoureuse, que Vidocq dût gar
der avec rage, mais il fut vite récompensé de son
martyre volontaire. Étant parvenu à se concilier
les bonnes grâces de l'infirmier, qui était un ancien
forçat, il lui avoua son immense désir d'aller faire
bombance en galante compagnie. Ne pourrait-il
pas s'esquiver une nuit, pour revenir avant le
jour?

L'infirmier hocha la tête. Ce n'était pas impossible, mais il fallait un déguisement. L'embarras
était de se le procurer. Vidocq avait son idée. Pourquoi ne prendrait-il pas les habits d'une grande
et forte sœur de charité, qui logeait à l'hôpital?
Il s'attendait à voir l'ancien forçat repousser un
projet d'apparence aussi folle. Il n'en fut rien, et,
contre une gratification d'une cinquantaine de
francs, cet homme parvint à soustraire les vêtements de la pauvre sœur, de telle sorte qu'un passant attardé aurait pu voir, aux environs de minuit, une religieuse sauter du haut de la muraille
qu'elle venait d'escalader et traverser en toute
hâte les rues de la ville endormie pour prendre la
route de Rennes. Un autre que Vidocq eut été gêné
par cette mascarade, mais il possédait déjà et conserva toujours l'art des travestissements. On n'a
pas oublié, au surplus, qu'il avait noué autrefois
à Lille une intrigue amoureuse avec une femme
mariée chez laquelle il ne se rendait que sous un
costume féminin.

Le voici donc, transformé en sœur de charité, arpentant les grandes routes dans la direction de Rennes. Il n'est pas, toutefois, très assuré sur la bonne voie. En conséquence, il s'adresse à un sacristain, lequel le conduit au curé, qui, à son tour, accueille de son mieux la sainte créature accomplissant un pèlerinage et l'oblige à partager son repas. Ce prêtre charitable aurait même voulu lui donner l'hospitalité pendant plusieurs jours, mais la pieuse religieuse est pressée. Elle ne dispose que d'un temps limité. Il lui faut remplir sa mission, en prenant, autant que possible, de petits chemins détournés, pour éviter la rencontre de soldats de qui les propos sont scandaleux et les manières abominables. Le bon curé la renseigne de son mieux, ce qui ne l'empêche pas de se perdre.

Par bonheur, alors que la nuit est déjà épaisse, Vidocq découvre une maison isolée. Il frappe, on lui ouvre et c'est avec respect que le père, la mère, le fils et les deux filles reçoivent la religieuse égarée. Rien de plus malpropre que ce logis de paysan, mais on est en train d'y confectionner des crêpes qui sentent bon et desquelles Vidocq se souviendra toujours. Une question se pose bientôt. Comment couchera-t-on la sœur? La grange est occupée par trois soldats regagnant leur dépôt. On ne peut pas envoyer une religieuse passer la nuit avec eux. Elle partagera donc le lit des deux jeunes filles, dont l'une a quinze ans, l'autre seize, et qui ne sont point laides. Grave tentation pour Eugène-François, qui manque de la vertu nécessaire pour suivre impunément l'exemple de Robert d'Arbrissel. Pourtant, il faut être sage et il l'est.

Le lendemain, la bonne religieuse poursuit sa route, accompagnée des vœux de toute la famille. Tandis qu'elle marche, il lui vient un doute. Il lui paraît que la ville qu'elle distingue au loin n'a pas l'importance que doit posséder la capitale de la Bretagne. Se serait-elle fourvoyée? Un paysan qu'elle interroge lui apprend qu'elle est à un quart de lieue de Vannes. Ce n'est pas là qu'elle veut aller. Quelle résolution prendre? Perplexe, la sainte femme s'est assise au bord du chemin. Elle ne sait pas ce qu'elle doit faire. Qui donc la tirera de peine?

Ainsi s'interroge Vidocq, quand une voix criarde vient le surprendre. Une femme s'avance, portant sur la poitrine une petite boîte vitrée, ayant autour du cou une ou deux douzaines de chapelets, et chantant une complainte sur un air monotone. A la vue de la religieuse, elle s'arrête, se tait et s'incline humblement. Questionnée, elle répond qu'elle montre des reliques et vend des chapelets. Elle va de village en village, chantant des légendes, faisant baiser les menus ossements contenus dans la boîte vitrée, recevant des aumônes et trouvant presque partout le débit de sa pieuse marchandise. Elle est de Nantes, où elle retourne.

Eugène-François saute sur l'occasion ! Qui donc

se méfiera d'une religieuse accompagnant une vendeuse de chapelets?

— Moi aussi, dit-il à la brave femme, confuse d'un tel honneur, je vais à Nantes. Nous ferons route ensemble.

Rien ne pouvait être plus heureux pour l'évadé du bagne. Il savait qu'un bon asile l'attendait à Nantes. A Bicêtre, un certain Grenier lui avait appris que dans un quartier qu'il lui désigna il y avait une maison appartenant à une femme qu'on appelait la mère aux voleurs, et qui cachait chez elle les escrocs et les meurtriers recherchés par la police. Sa demeure était le quartier général de ces misérables, qui s'y renseignaient mutuellement sur les coups à exécuter. Découvrir ce repaire ne fut pas très difficile à Vidocq. Le nom de Grenier lui en ouvrit la porte. La maîtresse du lieu écouta son histoire et l'introduisit dans une pièce où buvaient trois hommes et deux filles qui restèrent médusés à l'apparition d'une religieuse. Une brève explication de la mère aux voleurs provoqua une explosion de folle gaîté et la « sœur Vidocq » fut l'objet d'un accueil enthousiaste.

On lui donna des vêtements neufs et quelques jours de repos le remirent de ses fatigues et de sa longue pérégrination. Pourtant, comme il ne pouvait prolonger son séjour indéfiniment, il réfléchissait à ce qu'il devait faire, quand ses compagnons l'informèrent qu'ils allaient piller une riche maison de la place Graslin et qu'ils comptaient sur son aide. Il feignit d'accepter, mais, ne voulant pas devenir un voleur, il se hâta de quitter Nantes pour essayer de se rendre à Paris. C'était s'exposer à de multiples périls, car la surveillance, à mesure qu'il se rapprocherait du but de son voyage, se ferait plus étroite. Cette considération ne l'arrêta pas et la chance, qui ne l'avait pas quitté depuis son départ de Brest, continua à le favoriser.

IV

Au sortir de Nantes, Vidocq, muni de provisions, marcha pendant deux jours et une nuit sans faire halte dans les villages, effrayé par le spectacle de désolation qui s'offrait à ses yeux. Il n'apercevait que des ruines, la trace des incendies, les marques d'une dévastation universelle. Il traversait le théâtre de cette fameuse guerre de Vendée dont il avait beaucoup entendu parler, mais dont il ne soupçonnait pas les horreurs.

Au soir de sa deuxième journée de marche, il pénétra dans une pauvre ville où rares étaient les maisons demeurées intactes. C'était Cholet. L'aubergiste qui le logea lui raconta les malheurs de cette petite cité, florissante peu d'années auparavant, et qui, durant la guerre civile, prise et reprise par les blancs et les bleus, avait été, finalement, livrée aux flammes par ces derniers. Cet homme lui apprit, en outre, qu'il y aurait le lendemain une foire aux bestiaux, à laquelle assisteraient des marchands venus de très loin.

Vidocq pensa qu'il trouverait peut-être là une occasion propice, et, en effet, un de ces marchands, de qui la bonne physionomie lui avait inspiré confiance, et à qui il se présenta comme déserteur, le prit à son service pour conduire des bêtes aux environs de Paris, où le prétendu déserteur disait avoir sa famille. Remarquant son zèle, son activité, son adresse, le marchand de bœufs lui offrit bientôt de l'engager à l'année comme maître-garçon. Eugène-François accepta avec empressement. Le présent était garanti. Avec sa blouse bleue, ses guêtres de cuir, son chapeau aux bords rabattus, son bâton, il se sentait suffisamment déguisé pour n'avoir pas à redouter les regards soupçonneux de la gendarmerie.

Il croyait que personne ne le reconnaîtrait, et il commençait à respirer. Terrible fut donc son effroi, quelques semaines après, comme il passait rue Dauphine, en sentant une main se poser sur son épaule, tandis qu'on l'interpellait par son nom. Il se crut pris. Or, ce n'était qu'une alerte. En celui qui l'avait ainsi arrêté, il reconnut un capitaine du nom de Villedieu, qu'il avait fréquenté autrefois à Lille, et qui, sous ses vêtements civils, paraissait inquiet, agité, et regardait sans cesse autour de lui, comme s'il se fut attendu à voir surgir un redou-table ennemi. Il marqua sa joie d'avoir rencontré Vidocq, lui proposa de l'accompagner en Suisse, où il avait l'intention de se rendre, et le suivit jusqu'à sa demeure.

Là, il lui avoua avec des larmes qu'étant devenu l'amant de la femme d'un bijoutier de Lille, nommé Lemaire, celui-ci, sous le couvert de l'amitié, après lui avoir avancé beaucoup d'argent, perdu ensuite au jeu, lui avait fait engager des objets volés, dans le but de le compromettre et de le contraindre à entrer dans la bande de chauffeurs assassins dont lui-même, avec le trop fameux Salambier, était l'un des chefs. Lui, Villedieu, lors de l'arrestation de Lemaire, de Salambier et de leurs complices, avait pu s'enfuir et gagner Paris, mais il ne s'y sentait pas en sûreté et voulait passer la frontière. En compagnie d'un ami aussi audacieux et ingénieux que Vidocq, il ne craindrait rien. Le jeune homme parut accepter, mais se garda de se rendre au rendez-vous que lui avait fixé Villedieu, lequel, arrêté peu après, fut guillotiné à Bruges, le dernier sur une vingtaine de ses sanglants complices.

Cet incident détermina chez Vidocq une décision d'autant plus incompréhensible qu'il était très bien traité chez son patron et que rien ne le menaçait. Il voulut retourner à Arras et revoir ses parents. Malgré les instances du marchand de bœufs, il le quitta et parvint heureusement dans sa ville natale, où sa famille l'accueillit avec joie. Toutefois, comme rien n'était plus dangereux pour lui que le séjour d'Arras, un ancien carme, ami de son père, et qui résidait dans une petite localité des environs, où il tenait une manière d'école, consentit à se l'adjoindre, et l'affubla d'une soutane de frère ignorantin, ce qui lui rappela le temps, encore si proche, où sa pieuse tenue de religieuse édifiait les gens.

Il aurait pu vivre tranquillement, mais son tempérament galant lui valut une cruelle mortification et le contraignit à s'éloigner. Ses assiduités auprès des jeunes filles du pays firent jaser, elles excitèrent la jalousie des amoureux, on s'entendit pour le châtier, et certain soir qu'il attendait une fillette de seize ans, dans un grenier à foin, quatre garçons brasseurs surgirent, s'emparèrent de lui, le déshabillèrent sans même lui laisser sa chemise, lui administrèrent une correction formidable, qu'ils couronnèrent par une fustigation sur tout le corps avec des orties. Après quoi, ils le jettèrent dans un fossé.

Le malheureux, brisé par les coups, brûlé par les orties, se tira de là non sans peine, découvrit un lambeau de drap dont il se couvrit, et, geignant, jurant, se grattant jusqu'au sang, s'en fut chez un de ses oncles, demeurant à deux ou trois lieues de distance. Cet oncle était d'humeur joviale. La mésaventure d'Eugène-François, qui rappelait tant de nos vieux contes, l'amusa infiniment, ce qui n'alla pas sans indigner son neveu. En revanche, il le reçut, le soigna, et, lorsqu'il fut mieux et parla de partir, il lui donna de quoi se rendre à Rotter-dam, où il avait décidé de s'embarquer, ce qu'il fit, il est vrai, mais non comme il l'entendait.

S'étant lié avec un jeune homme de qui les ma-nières aimables lui plaisaient, il accepta une invi-tation à dîner, but ferme, avala sans s'en douter un violent narcotique, et se réveilla à bord d'un navire de guerre hollandais. A cette époque, en Hollande, aussi bien qu'en Angleterre, on prati-quait le système de la presse. Par surprise, quelque-fois avec violence, on transformait en matelots des gens qui n'avaient aucun goût pour la carrière ma-ritime, et qui étaient bâtonnés et mis aux fers si, protestant contre l'attentat dont ils étaient vic-times, ils réclamaient leur liberté.

On peut croire que Vidocq ne se laissa pas faire sans regimber. Il menaça de tuer le premier qui oserait porter la main sur lui et en appela au capi-taine, lequel lui expliqua qu'il n'avait pas le droit de le renvoyer à terre. Environ deux cents hommes étaient dans une semblable situation, contraints aux plus rudes travaux, soumis aux plus mauvais traitements. Vidocq ne tarda pas à fomenter une révolte qui échoua.

Au bout de plusieurs mois, il put enfin se sous-traire à cet esclavage et prit du service, toujours sous le nom d'Auguste Duval, sur le *Barras*, navire corsaire de Dunkerque. On sait qu'il était brave. Aussi se distingua-t-il dans les combats que le *Barras* livra aux Anglais, et qui lui valurent de belles parts de prise. Tout allait bien. Cette vie lui convenait, car elle était conforme à son humeur aventureuse. Plus tard, s'il en avait assez, il verrait à trouver mieux.

Ce fut, hélas, une recherche à laquelle il n'eut pas à se livrer. Le capitaine du *Barras*, jugeant que son équipage avait besoin de repos, décida de faire relâche à Ostende. Il n'y eut que Vidocq pour ne pas se réjouir à cette nouvelle. Superstitieux à sa manière, et se souvenant que le séjour d'Ostende ne lui avait jamais été favorable, il pressentait un malheur. Il ne se trompait pas. L'autorité française faisait contrôler sévèrement les rôles des bateaux corsaires. Auguste Duval était signalé comme déserteur, évadé de l'hôpital de Quimper. On l'arrêta. Nier était inutile. La route était longue, d'Ostende à Saint-Malo, où il faudrait le conduire. Il aurait vingt chances de fausser compagnie à ses gardiens.

On commença par l'emmener à Lille. Contrairement à ce qu'il redoutait, il n'y fut reconnu de personne, sauf de son ancienne amie Francine, mariée à un matelot, et qui s'évanouit à sa vue. Dans les jours qui suivirent, elle eut l'adresse et la générosité de lui glisser dans la main une dou-

zaine de pièces d'or. Ceci devait être le dernier sourire de la fortune. Vidocq apprit avec désespoir
qu'on allait l'écrouer provisoirement à Douai, où
les gardiens, ces brutes dont il conservait un si
mauvais souvenir, ne manqueraient pas de lui restituer son véritable nom. Ce fut ce qui eut lieu,
mais Eugène-François soutint avec énergie qu'il
était Auguste Duval, l'évadé de l'hôpital de Quimper, né à Lorient, où habitaient ses parents.

Les affirmations des gardiens étaient vives; les
dénégations de Vidocq ne l'étaient pas moins; les
juges, troublés, perplexes, ne savaient qu'en penser. On eut alors l'idée de faire appeler Mme Vidocq.
L'épreuve, pensait-on, serait décisive et l'imposteur, démasqué, devrait avouer. On avait compté
sans l'amour maternel, capable de tous les héroïs-
mes. Avertie par un rapide regard, l'excellente
femme eut le courage de résister au mouvement qui
la portait à ouvrir ses bras à son fils. Elle vainquit
son émotion, dévisagea le jeune homme qu'on lui
montrait, déclara qu'il avait une vague ressemblance avec son enfant, mais que ce n'était point
lui.

Les gardiens furent ébranlés, mais ils ne se ren-
dirent pas. Dans le signalement détaillé que l'on
avait reçu, il était indiqué qu'Auguste Duval portait un tatouage au bras. Un tatouage! Jamais
Vidocq n'avait eu le bras tatoué. On l'appelle chez
le juge, on l'invite à relever sa manche, et le ta-

touage apparaît ! Le doute n'était plus possible. Auguste Duval était réellement Auguste Duval. Or, quinze jours plus tard, cédant à une saute d'humeur inexplicable, le détenu écrivait au président du tribunal criminel, déclarant qu'il était bien Vidocq. En conséquence, il fut joint au prochain convoi de condamnés envoyés à Bicêtre, où il était entré dix-huit mois auparavant. Il y revenait momentanément découragé, déprimé, trop surveillé pour s'y livrer à une nouvelle tentative d'évasion, et considéré comme dangereux.

Bientôt, il fit partie de la chaîne qui devait être dirigée sur le bagne de Toulon, qu'on lui avait dépeint comme infiniment plus dur que ceux de Rochefort et de Brest. Parce qu'il était un forçat évadé, ce qui augmentait sa peine de trois ans, on le plaça, à son arrivée, parmi les condamnés suspects qui n'allaient point au travail, restaient toujours enchaînés à leur banc, couchaient sur une planche nue, ne recevaient qu'une nourriture insuffisante et étaient frappés quotidiennement par leurs gardiens.

« Jamais, a-t-il écrit, je n'avais été si malheureux que depuis mon arrivée dans le bagne de Toulon. Confondu à vingt-quatre ans avec les plus vils scélérats, sans cesse en contact avec eux, j'eusse mieux aimé cent fois être réduit à vivre au milieu d'une troupe de pestiférés. Contraint à ne voir, à n'entendre, que des êtres dégradés, dont l'esprit sans cesse s'évertuait au mal, je redoutais pour moi la contagion de l'exemple. Quand, jour et nuit, en ma présence, on préconisait hautement les actions les plus contraires à la morale, je n'étais plus assez sûr de la force de mon caractère pour ne pas craindre de me familiariser avec ce perfide et dangereux langage. A la vérité, j'avais déjà résisté à de nombreuses tentations; mais le besoin, la misère, le désir surtout de recouvrer la liberté, peuvent souvent faire faire vers le crime un pas involontaire. Je ne m'étais pas encore trouvé dans une situation à laquelle il m'eût paru plus urgent d'échapper. Dès lors toutes mes pensées se tournèrent vers la possibilité d'une évasion. »

V

S'évader ! Quitter cet enfer pour n'y jamais redescendre ! C'est l'unique rêve de ce pauvre garçon qui ne veut pas tomber au niveau de ses abominables compagnons de chaîne, et que soutient le sentiment de son innocence et de l'injustice dont il souffre. C'est chez lui une idée fixe, qui le poursuit au cours de ses nuits sans sommeil, qui le tenaille pendant qu'il fabrique, avec la permission du vieil argousin chargé de sa surveillance, des jouets dont la vente lui procure de faibles ressources. On le traite un peu mieux que les autres, cependant.

Peut-être a-t-on compris qu'il est digne d'indulgence et de pitié. Il n'est pas toujours attaché à son banc; on le charge de menus travaux; il est parfois infirmier, et le médecin du bagne lui parle avec sympathie. Il est si jeune! Il a l'air si peu méchant!

Ces adoucissements matériels et moraux ne modifient pas ses intentions. Il s'empare un jour du manteau et du chapeau du médecin et prend la fuite vers la porte du bagne. Mouvement irraisonné. Acte de folie. Où pourrait-il aller, n'ayant que ce manteau pour cacher ses habits de galérien? On l'arrête avant même qu'il ne soit dehors. Le résultat est qu'on le met à la double chaîne. Il n'a fait qu'augmenter son malheur. En apparence, du moins, car cette absurde tentative, suivie d'un châtiment rigoureux, est en réalité un premier pas vers la délivrance.

Dans sa misère, il trouve des accents éloquents pour fléchir le commissaire du bagne, qui consent à l'envoyer au travail, à ce que l'on appelle la *fatigue*. L'espoir renaît dans son âme. Grâce à la complaisance de ses nouveaux camarades, il peut se procurer des habits civils, dissimulés sous sa casaque de forçat. Se mêlant aux ouvriers qui réparent un navire, aidés par des forçats, il est ramené avec eux à la ville. Déjà il se croit libre. Mais il se heurte, aux portes, à une consigne formelle. On ne peut pas quitter Toulon sans être porteur d'une carte verte, qu'il ne possède pas. Il n'a donc fait que changer de cage. Celle-ci est plus vaste, mais on l'y capturera aisément.

Désolé, il se promène, plein de mélancolie, le long des remparts. Il y rencontre une fille publique avec laquelle il bavarde un moment. Juste à cette minute, le canon tonne. Un forçat s'est évadé. La fille s'en réjouit. Quelques instants après, trois nouveaux coups de canon retentissent. Un deuxième forçat a pris la fuite. La fille bat des mains, et, à Vidocq qui s'étonne, elle déclare que les bagnards sont si malheureux qu'elle voudrait pouvoir les délivrer tous. Est-elle sincère? Vidocq le croit. Il lui raconte son histoire et comment il n'a pas pu sortir de la ville, faute d'avoir la carte nécessaire.

Célestine, — c'est le nom de la fille, — s'émeut et promet de procurer à l'évadé cette carte, qui lui permettra de franchir les portes. En attendant, elle va le cacher chez elle, l'y mène et s'en va chercher la carte libératrice. Pris d'inquiétude, Eugène-François descend sur ses pas. Elle lui reproche sa méfiance, et, lui montrant un enterrement qui passe, se rendant au cimetière, situé hors des remparts, elle lui dit : « Mets-toi avec ces gens-là, et tu seras sauvé ! » Vidocq suit le convoi jusqu'au cimetière, jette à son tour de l'eau bénite sur la tombe, puis s'écarte au retour, prend des petits chemins, erre au hasard durant plusieurs heures sans cesser

de voir Toulon, ce qui n'est pas sans le tourmen-
ter.

Enfin, il se heurte à un homme d'aspect bizarre,
armé d'un fusil et de pistolets, qui l'interroge et,
sans autre explication, l'emmène avec lui, lorsqu'il
s'est assuré que sa crainte unique est de rencontrer
des gendarmes. Vidocq, pris pour un déserteur, fut
enrôlé, dès le surlendemain, dans une bande de
réfractaires, ayant pour chef un individu audacieux
nommé Roman qui, sous couleur de royalisme,
renouvelait dans le Var les exploits des Compagnons de Jéhu, et faisait la guerre aux diligences.
Ne tenant pas le moins du monde à se transformer
en voleur de grands chemins, Vidocq songeait à
quitter Roman et ses hommes lorsque ceux-ci
découvrirent ce qu'il était. « Nous ne voulons pas
de forçats parmi nous, lui déclara-t-on, car nous
sommes d'honnêtes gens! » Eugène-François ne se
hasarda pas à contester cette allégation et, comme
elle fut accompagnée d'un don de quinze louis,
il prit allégrement la route de Lyon.

En fait, il suivait cette route à distance, par des
chemins moins fréquentés, ce qui lui permit d'arriver à Orange sans avoir été inquiété. Aurait-il
la chance de parvenir à Lyon aussi heureusement?
Telle était la question qu'il se posait, quand il
aperçut, se dirigeant de son côté, plusieurs cha-
riots chargés de marchandises et conduits par des
rouliers, à qui il demanda où ils allaient.

— A Lyon ! répondirent-ils.

— En ce cas, camarades, expliqua-t-il, vous pourriez me rendre un fameux service. Moi aussi je vais à Lyon. Seulement, étant déserteur, je crains d'être arrêté par les gendarmes. Si vous vouliez me prendre avec vous, je tâcherais de vous récompenser de votre obligeance. Je ne suis pas un vagabond sans argent.

Il montra sa bourse. Les rouliers délibérèrent. Un déserteur, à cette époque, n'était pas pour leur déplaire, et les pièces d'or de Vidocq les influencèrent sans doute favorablement. N'ayant pas d'emploi à lui donner, ils l'affublèrent de rubans et de bouquets, ainsi que c'était la coutume lorsque le fils du patron accomplissait son premier voyage, et ce fut de la sorte qu'Eugène-François fit son entrée à Lyon, enchanté d'y être mais un peu inquiet, pour le lendemain, car il avait si souvent régalé les complaisants rouliers en cours de route qu'il ne possédait plus qu'une vingtaine de sous, ce qui n'était guère pour le long chemin qui lui restait à faire.

Il avait encore de quoi dîner maigrement, mais il ne savait pas où il pourrait coucher. Or, dans la misérable auberge où il mangea, il eut pour voisins de table un juif et sa femme, et leur conversation lui fit comprendre qu'ils étaient logeurs. Il leur exposa son embarras et ces gens lui dirent de venir chez eux. Il y avait six lits, dans la chambre où il coucha, et, comme il était las, il ne s'occupa pas de ses compagnons de nuit. Au matin seulement, les yeux encore fermés, et paraissant dormir, il les écouta causer. Tous parlaient l'argot des voleurs et des assassins. Évidemment, il était entouré de bandits de la pire espèce. Le silence se fit lorsqu'il s'agita, bâilla et se leva. Alors, une même exclamation s'échappa de la bouche de ces individus : « Vidocq ! C'est Vidocq ! » On peut se faire une idée de la stupeur qu'il éprouva quand il reconnut cinq forçats, évadés du bagne de Toulon. Tous appartenaient à une bande de criminels, ayant pris Lyon pour théâtre de leurs exploits.

L'accueil qu'en reçut Vidocq, autour de qui, en raison de ses évasions, une légende s'était formée, fut chaleureux. Sa fuite de Toulon, en particulier, avait excité l'enthousiasme du bagne et sa renommée s'était étendue au loin. En sa personne, c'était donc un merveilleux secours qui arrivait à ces gredins, un renfort des plus précieux. On commençait à croire que rien ne lui était impossible. Il fut choyé, fêté, muni d'argent, et put, de même qu'autrefois à Nantes, goûter le repos dont il avait besoin, assurait-il. Prudemment, il voulait prendre le temps d'arrêter une ligne de conduite. Il se doutait qu'on lui proposerait de s'associer à de mauvais coups, ce qui ne tarda pas. Il refusa, disant qu'on l'attendait à Paris pour une affaire importante et qu'il ne pouvait pas risquer de se faire

arrêter à Lyon. Les autres semblèrent s'accommo-
der de cette explication, mais ils le dénoncèrent,
convaincu qu'il s'évaderait, reviendrait à eux et
ne refuserait plus de prendre part à leurs expédi-
tions. Lorsqu'il démêla la cause de son arrestation, il devint furieux et jura de se venger.

On peut considérer cet épisode comme capital
dans l'existence d'Eugène-François Vidocq. Ce fut
en quelque sorte son chemin de Damas. Il ne devait
pas, pour cette fois, le suivre jusqu'au bout, mais
il est certain que cette affaire de Lyon, où il se fit
l'auxiliaire de la police, eut une influence considérable sur sa destinée.

De sa prison, il écrivit au commissaire général
Dubois, lui demandant un entretien, qu'il obtint
sur l'heure.

— Il est vrai, Monsieur le Commissaire, dit-il,
que je suis le forçat évadé Vidocq, de même qu'il
l'est que je ne suis ni un voleur, ni un assassin. On
m'a condamné injustement...

Le commissaire eut un léger sourire.

— Oh ! fit Vidocq, je sais que tous les condamnés
en disent autant ! Mais là, pour le moment, n'est pas
la question. Plus tard, j'espère obtenir que justice
me soit rendue. Aujourd'hui, ce que je veux vous
demander, c'est de me remettre en liberté et de me
permettre de continuer mon voyage.

Dubois sursauta et regarda Vidocq d'un air signi-
fiant clairement qu'il pensait avoir affaire à un fou.

— Non! Monsieur le Commissaire, assura doucement Eugène-François, je n'ai pas perdu l'esprit. Ma requête est des plus raisonnables. Évidemment, je sollicite de vous une grande faveur, mais, cette faveur, je viens vous offrir de la payer. Vous cherchez de dangereux voleurs, plusieurs forçats évadés et aussi les frères Quinet, coupables d'un assassinat suivi de vol. Eh! bien, je sais où se cachent tous ces misérables, et, si vous me promettez de me laisser quitter Lyon tranquillement, je m'engage à vous les livrer.

Le commissaire général était perplexe. Il craignait d'être dupé. Pourtant, à force d'éloquence, Vidocq eut raison de ses hésitations. Relâché, il retourna chez le logeur juif, fit une ample moisson de renseignements qu'il adressa à Dubois, fut arrêté de nouveau, selon ce qui avait été convenu, en même temps que, sur ses indications, tous les bandits étaient coffrés. Leur surprise fut d'autant plus vive qu'ils se croyaient plus en sûreté. Il sentirent qu'ils avaient été trahis. Par qui? L'un d'eux accusa Vidocq. Cela équivalait à une menace de mort. Eugène-François s'indigna, protesta, fit si bien que les autres contraignirent l'accusateur à s'excuser.

Assuré, désormais, de la fidélité de Vidocq à tenir ses engagements, persuadé de son adresse, le commissaire général se fit seconder par lui dans une autre affaire et le laissa ensuite quitter Lyon, lui promettant que son voyage ne serait point troublé.

III

VI

Vidocq était incorrigible. Le malheur ne l'instruisait pas. On aurait pu croire qu'il le bravait de parti pris. Il n'en était rien, mais c'était un écervelé qui ne savait pas résister à ses fantaisies et qui aimait à satisfaire tous ses caprices. On a vu que la plupart de ses infortunes, soit avant, soit après sa condamnation, étaient le résultat de ses fautes. Il n'allait pas se résoudre à rester tranquille. Il lui fallait des aventures, bonnes ou mauvaises.

Il ne chercha point à se fixer à Paris. Encore une fois, il reprit le chemin d'Arras. Il tenait à embrasser ses parents et à les rassurer sur son sort. Parvenu chez une de ses tantes, la première nouvelle qu'il reçut fut celle de la mort de son père. Sa peine fut vive. Il aimait ce vieil homme, de qui il avait empoisonné la vie. Il pleura avec sa mère et promit de ne plus commettre d'imprudence. Le bon billet qu'elle avait là !

Durant trois mois, il évita de sortir, mais, au bout de ce temps, il n'y tint plus. Vivre enfermé n'était point son fait. Il se risqua donc dans les rues d'Arras, espérant que changeant fréquemment de déguisement il ne serait pas reconnu. C'était jouer avec le feu. Tout le monde sut bientôt qu'il était là et la police se mit à sa recherche. Les perquisitions faites chez sa mère ne donnèrent aucun résultat, attendu que la cache que lui-même avait pratiquée déjouait toutes les investigations. Il a raconté que la personne qui acheta la maison par la suite l'habita quatre années sans soupçonner l'existence de cette pièce secrète et ne la découvrit que sur ses indications.

Avec une audace voisine de l'inconscience, il poursuivit ses promenades, ses parties fines, ses galanteries, et ne craignit pas, dans le temps du carnaval, de prendre part à un bal masqué réunissant plusieurs centaines de personnes. Deux agents de police se doutèrent que le brillant marquis qui obtenait tous les suffrages, et dont on admirait la prestance et l'élégance, pouvait bien être ce maudit Vidocq, qui se moquait du monde. Ils l'interrogèrent; sur ses réponses gouailleuses, ils voulurent l'arrêter; il prit la fuite, poursuivi de près, et, acculé au fond d'une ruelle sans issue, les effraya en les menaçant d'une grosse clef, qu'ils prirent pour un pistolet. Ils le laissèrent passer.

Comprenant qu'une pareille histoire, qui amusa la ville entière, rendrait la surveillance plus serrée, Vidocq s'enferma pendant deux autres mois. C'était tout ce qu'il pouvait supporter. Il se décida à quitter Arras et le fit par une nuit sombre, chargé d'une pacotille de dentelles, et possesseur d'un passe-port au nom de Blondel, qui lui avait été prêté par un de ses amis.

Son absence ne fut pas de longue durée. Il revint chez sa mère une dizaine de mois plus tard, n'ayant pas réussi à vivre de son commerce, désolé parce qu'il avait appris que pour obtenir la revision de son procès, il devrait, au préalable, se constituer prisonnier, ce qu'il ne voulait à aucun prix, frémissant à la pensée du bagne et des horribles promiscuités qu'il y fallait subir.

Variant ses déguisements à l'infini, il se flattait de déjouer longtemps encore les recherches de la police. Celle-ci ne comprenait pas comment il pouvait lui échapper. On en vint à lui attribuer un pouvoir surnaturel. Sans dire qui il était, il avait séduit la fille d'un gendarme, non pas qu'il en fut très amoureux, mais parce qu'elle le renseignait sur la manière dont on comptait s'emparer du fameux Vidocq. C'était très difficile. Ayant vécu avec des bohémiens, tous plus ou moins sorciers, il avait appris d'eux l'art de se transformer à sa guise. Il était de notoriété publique qu'un agent de police, qui allait le saisir au collet, n'avait plus trouvé sous sa main qu'une botte de foin.

Ces absurdes histoires trouvaient créance auprès de la superstition locale. Elles valaient à Vidocq de nombreux succès féminins, car le mystère a de l'attrait pour les femmes. Il a même constaté, ayant de la psychologie à ses moments perdus, que celles-ci « éprouvent du charme à connaître un mauvais sujet ». Ces plaisirs avaient leur contre-partie. Le peu de fidélité du joyeux garçon devait naturellement provoquer de la jalousie et du dépit. Une jolie fille abandonnée se vengea en donnant des indications qui faillirent avoir un fâcheux aboutissement. Vidocq fut assailli, un soir de décembre, par sept ou huit policiers, auxquels il n'échappa qu'en se précipitant dans la rivière. Ce bain glacial lui fit l'effet d'une douche, en ce sens qu'il calma sa témérité et l'amena à envisager la nécessité de dépister, une bonne fois, les limiers attachés à ses pas.

Parmi les prisonniers autrichiens logés dans la citadelle d'Arras, et qui allaient et venaient librement, les uns s'occupant en ville, les autres travaillant à la campagne, il en découvrit un résolu à s'évader. Il échangea ses habits contre l'uniforme de ce soldat. Ainsi métamorphosé, et sachant parler un patois mélangé d'allemand et de flamand, il se glissa dans l'intimité d'une jeune veuve, mercière de son état, avec laquelle il courut les marchés et les foires de la région. Au bout de plusieurs mois, certain d'avoir acquis son affection, il lui révéla son nom. Elle ne l'en aima que mieux, et la vie continua, douce et paisible, jusqu'au jour où des gendarmes firent irruption dans la boutique de la mercière. Vidocq n'eut que le temps de s'enfuir par le grenier. Cette alerte détermina les amoureux à quitter Arras. Les marchandises furent emballées, et le faux Blondel et sa femme se dirigèrent vers Rouen, pendant qu'on cherchait leurs traces du côté de la Belgique.

Il y eut alors, pour Eugène-François, une période de paix. Étant parvenu à se procurer d'excellents papiers, gagnant de l'argent dans son commerce de mercerie, il se prenait à oublier ses infortunes passées et s'imaginait que son ciel resterait désormais sans nuage. Hélas ! une fois encore, il fut victime de l'infidélité ! Sa femme l'avait trompé, la belle Delphine avait fait de même, l'exquise Rosine s'était cruellement jouée de lui. La charmante mercière, à son tour, se montra volage. Il fut, ce qui est dans l'ordre, le dernier à le savoir, mais, quand il l'apprit, ne cédant point aux larmes, refusant le pardon que la coupable implorait, en jurant qu'elle ne recommencerait pas, il brisa un lien qui lui avait été si cher et s'en alla, après un partage équitable des fonds en caisse et des marchandises.

Chacun tira de son côté. De la mercière, Vidocq n'entendit plus parler. Quant à lui, s'installant dans la région de Versailles, ayant par la suite une boutique dans cette ville, il continua activement son commerce de mercerie, très estimé, très considéré, faisant figure d'honnête homme, convaincu que ses épreuves étaient terminées.

Bien des années après, ce n'était pas sans attendrissement, ni sans une nuance d'orgueil, qu'il se retournait vers cette partie de son existence. Il aimait à rappeler que le nom de Blondel, dans le monde des affaires, jouissait d'une réputation sans tache et que sa signature était acceptée avec confiance par les banquiers. Il était heureux. Sa vieille mère quittait parfois Arras en secret pour venir passer quelques jours chez lui. Rien ne semblait devoir troubler ce paisible bonheur. Brest, Auguste Duval, la prison de Douai, Toulon, les brigands du Var, les bandits de Lyon, tout cet ensemble de mauvais souvenirs s'estompait peu à peu.

L'écroulement fut rapide et brutal. Le marchand Blondel, ayant conclu de bonnes affaires et la bourse pleine, rentrait un soir du marché de Nantes, lorsque des gendarmes l'arrêtèrent au seuil de sa maison. Un camarade de jeunesse, lui ayant peut-être gardé rancune des raclées reçues sur la Place d'Armes, l'avait dénoncé. En vain, montrant ses papiers, exhibant un passe-port au signalement scrupuleusement exact, jura-t-il qu'il était Blondel. On lui répondit qu'il était Vidocq, signalé comme un dangereux criminel, envers qui il fallait avoir recours aux plus grandes précautions. Elles consistèrent à le lier étroitement et à le jeter, ficelé de la tête aux pieds, sur une charrette qui devait le ramener à cette maudite prison de Douai, dont il ne prononçait le nom qu'en frissonnant.

C'était un désastre! Malgré tout, Vidocq ne voulut pas se croire abandonné de la fortune, et, couvert de liens, incapable de faire un mouvement, il ne désespérait pas de s'évader une fois de plus. Il l'essaya à Louvres, où on l'avait enfermé dans le clocher, en société de déserteurs. Se servir des couvertures et des draps qu'on n'avait pas cru pouvoir lui refuser, puisqu'il payait, les transformer en fortes lanières, cela n'était pas pour l'embarrasser. Il descend du clocher, mais la corde improvisée est trop courte de cinq mètres environ. Impossible de remonter. Il saute et, de même que dans sa chute du rempart de Lille, il se foule le pied, ne peut aller plus loin et est repris. A Bapaume, nouvelle tentative. Là, il est trahi par un soldat qu'il avait payé pour obtenir son complaisant silence.

C'est à désespérer! Mais on ne saurait trop répéter que Vidocq ne désespère jamais, ne se reconnaît jamais vaincu. Il est une vivante leçon d'énergie et de courage. Aventurier, c'est vrai! Tête brûlée, c'est exact! Mauvais sujet, c'est sa propre opinion! Mais réellement admirable, sous le rapport de la volonté. Et plus admirable encore par sa résistance au mal, par son obstination à rester honnête. C'est à cela qu'il faut penser si l'on veut porter sur lui un équitable jugement.

VII

Ses derniers insuccès ne pouvaient atténuer son désir de s'évader. L'évasion était une des conditions de sa vie. Elle était devenue chez lui une fonction normale, si bien que la moindre occasion lui

était propice. On allait partir pour Douai, les minutes étaient comptées, un quart d'heure plus
tard on serait en route. La cour de la caserne où
Vidocq avait été emprisonné était encombrée de
voitures suivant un fort détachement de jeunes
conscrits dirigés sur un camp d'instruction. Sou-
lever la bâche qui couvre les bagages, se glisser des-
sous, c'est l'affaire de dix secondes, et, tandis que
l'on recherche le prisonnier disparu, ce dernier,
bien caché, traverse la ville sans que le conducteur
du chariot se doute qu'il emmène avec lui un forçat
évadé. On gagne la campagne. Vidocq abandonne
sa cachette avec prudence et prend la direction
de Boulogne.

Il ne pouvait mieux choisir. Des milliers d'hommes, appartenant à toutes les armes, y étaient assem-
blés. Dans cette foule, il était aisé de se débrouiller.
Presque tout de suite, Eugène-François y fit la rencontre d'un sous-officier qu'il avait connu jadis à
Paris et qui ignorait son histoire. Il lui demanda
s'il ne pouvait pas l'aider à s'employer. L'autre
le lui promit, et, après deux journées de folles
orgies, le présenta à un capitaine corsaire du nom
de Paulet, qui, sur sa bonne mine, l'engagea à son
bord. Vidocq se crut revenu au temps du *Barras*
et recommença avec plaisir cette guerre de course
qui convenait à son tempérament ardent et belliqueux. Il se distingua dans plusieurs affaires, et,
notamment, dans l'attaque et la prise d'un brick

anglais, où plusieurs de ses compagnons trouvèrent la mort.

L'un d'eux se nommait Lebel, et sa ressemblance avec Vidocq était extraordinaire. Le vivant s'empara des papiers du mort et se crut hors de péril. Néanmoins, ayant appris qu'une inspection sévère des équipages corsaires allait avoir lieu, il quitta Paulet et s'engagea dans le corps des canonniers de marine. Ce qui avait dicté son choix, c'était que Lebel y avait été caporal, grade qu'on lui rendit au bout d'une quinzaine de jours. Il le conserva durant trois mois, accomplissant son service d'une manière exemplaire et méritant les éloges de ses chefs. Ayant déjoué, au péril de sa vie, une tentative criminelle, dirigée contre une poudrière, il fut nommé sergent. Une fois de plus, l'avenir lui paraissait assuré. Une fois de plus, le sort allait s'acharner contre lui.

Il eut un duel avec un maréchal des logis, nommé Fessard, et, tandis qu'il se battait, la vue d'un tatouage que cet homme portait sur sa poitrine éveilla ses souvenirs. Ce Fessard était, de même que lui, un forçat évadé du bagne de Toulon. Intéressés à se conserver le secret, ils se lièrent. Vidocq, cependant, ne ressentait qu'une sympathie mitigée pour ce camarade. Sous ses apparences de franchise, il lui semblait distinguer de la fausseté. Ce qui le rassurait, c'était que le maréchal des logis ne pouvait pas le perdre sans se perdre

lui-même. Quiétude trompeuse! Fessard, beau garçon, plein de faconde, et qui faisait sonner très
haut sa prétendue parenté avec un sénateur, avait
réussi à duper un grand nombre d'habitants de
Boulogne. Le montant de ses escroqueries dépassait quarante mille francs. Il disparut un matin,
mais, en fuyant, il dénonça Vidocq, se vengeant
ainsi de ce que ce dernier avait refusé d'entrer
dans une bande de malfaieurs, tous militaires,
dont lui, Fessard, était l'un des chefs.

La surveillance était-elle insuffisante? On peut
l'admettre, puisque le perpétuel évadé parvint
presque aussitôt à se sauver. Avec la curieuse obstination dont il avait si souvent fait preuve, il reprit
de nouveau la route d'Arras. Il ne poussa pas plus
loin que Béthune. Un gendarme, qui l'avait vu
à Douai, l'arrêta au passage. Pour cette fois, on le
garda avec soin et il réintégra la prison où il avait
tant souffert. La nouvelle de son incarcération fit
grand bruit, et le procureur général Ranson, accouru
pour s'assurer de la réalité du fait, demanda, en
arrivant dans le préau, si on l'avait mis aux fers.
Cette dureté exaspéra Vidocq.

— Eh! Monsieur, s'écria-t-il, s'avançant vers
le magistrat, que vous ai-je fait, pour me vouloir
tant de mal? Je me suis évadé souvent, il est vrai,
mais est-ce donc un si grand crime? Peut-on me
reprocher d'avoir abusé d'une liberté qui a tant de
prix à mes yeux? Chaque fois que l'on m'a repris,

n'étais-je pas occupé à me créer d'honnêtes moyens d'existence? Je ne suis pas coupable, monsieur! Je suis malheureux. Ayez pitié de moi! Ayez surtout pitié de ma pauvre mère, qui mourrait de douleur si je devais retourner au bagne.

C'est ainsi, ou à peu près, que Vidocq rapporte cette scène dans ses mémoires. On peut la tenir pour exacte. Elle impressionna vivement le procureur général qui revint le soir même et interrogea longuement le prisonnier, voulant savoir ce qu'il avait fait depuis son évasion du bagne de Toulon. Le récit qu'il entendit le toucha. Évidemment, il avait en face de lui un infortuné qui méritait sa bienveillance. Il lui conseilla donc de formuler un recours en grâce, de solliciter tout au moins une commutation de peine, et lui promit d'appuyer sa requête auprès du grand juge Régnier. Le lendemain, un avocat de Douai, M. Thomas, qui s'était toujours intéressé à Vidocq, vint lui faire signer une supplique, dans le sens indiqué par le procureur général. Enfin, comme un bonheur n'arrive jamais seul, Vidocq fut appelé au greffe, quelque temps après, pour y recevoir de la bouche même de sa femme, assistée de deux témoins, la signification du jugement qui prononçait son divorce. Rien, a-t-il dit, ne pouvait lui être plus agréable que la dissolution d'un mariage qui l'unissait à une créature qu'il détestait et qui, en ces dernières années, s'était chargée de honte par une vie dissolue.

Il aurait donc dû attendre avec patience la réponse à sa requête, mais on a pu se convaincre que la patience n'était pas sa principale vertu. Au bout de cinq mois de détention, quoique bien traité, il enrageait. Rendu soupçonneux par le malheur, il s'imaginait qu'on avait voulu, en lui donnant de l'espérance, lui enlever la tentation de s'enfuir avant le départ de la chaîne. En conséquence, un soir qu'il dînait avec ses gardiens dans une petite chambre, dont la fenêtre non grillée s'ouvrait sur la Scarpe, il se précipita dans la rivière.

Si désespérée que pût paraître cette action extraordinaire, elle n'était pas le résultat d'un mouvement impulsif. Elle avait été préparée, méditée. Vidocq possédait au dehors des amis actifs. L'un d'eux devait lui procurer un uniforme d'officier d'artillerie, sous lequel il pensait pouvoir se rendre aisément à Paris, le seul endroit du monde où, croyait-il, sa sécurité serait complète. Il ne se doutait pas que ce plongeon dans la Scarpe, sous les yeux ahuris de ses gardiens, allait le conduire à la phase la plus tragique et la plus douloureuse de son existence.

VIII

La saison n'était pas clémente. L'eau était glaciale. Saisi par le froid, Vidocq faillit périr. Ce ne fut qu'au prix d'un merveilleux effort qu'il parvint à passer sous la porte d'eau. Enfin, il put sortir de la rivière et prit sa course, allant, toujours courant, jusqu'au village de Blangy, distant de deux lieues. Là, un boulanger charitable consentit à lui donner asile et à faire sécher ses vêtements dans son four.

L'évadé reprend sa course. Il va jusqu'à Duisans, où habitait la veuve d'un capitaine chez laquelle il savait devoir trouver un costume militaire qui, en effet, l'y attendait. Il ne fit chez cette femme qu'un court séjour, ayant hâte de partir pour Paris. En dépit de la précaution qu'il avait prise de lancer son chapeau sur la rive de la Scarpe, afin qu'on le crut errant aux environs, il ne se sentait pas en sûreté. En conséquence, il fila chez un de ses cousins, dont il connaissait le dévouement, et qui le mènerait en voiture au delà d'Arras.

Il était temps. On avait bien pensé qu'il se réfugierait chez des parents. Tous étaient surveillés, à commencer par le cousin. Celui-ci jugea qu'il fallait partir sans retard. Le voici donc en route, conduisant un brave officier d'artillerie, au bras en écharpe. La précaution était nécessaire. C'était pendant la campagne de Prusse, au lendemain d'Iéna, et l'on eût été surpris de voir un officier valide loin des armées. Un blessé, au contraire, qui venait de prendre part à cette fameuse bataille, qui était un des témoins de la victoire, devait circuler librement, entouré d'une respectueuse admiration.

Il en était ainsi pour Vidocq, de qui la blessure attestait le courage. Ayant lu tout ce que les journaux racontaient de cette journée mémorable, il en parlait avec sûreté, multipliant les détails, citant des traits de valeur, mais, en véritable héros, glissant modestement sur ses propres exploits et les circonstances dans lesquelles il avait été glorieusement blessé. Il en parlait si bien que son cousin en arrivait à se demander si ces mensonges, débités avec un stupéfiant accent de sincérité, n'étaient pas des vérités.

Il y eut un émoi, cependant. Les voyageurs firent halte au seuil d'une auberge pleine de gendarmes qui connaissaient le cousin du fugitif. Passer outre était dangereux. L'unique chance de succès consistait à avoir de l'audace. Sur le conseil de Vidocq, le cousin saute à terre et pénètre dans la salle d'auberge, l'air tranquille et riant.

— Ah! ah! lui dit un maréchal des logis, c'est toi! Ne serais-tu pas, par hasard, en train de conduire ton parent Vidocq?

Ainsi interpellé, le cousin haussa gaîment les épaules.

— Vous pouvez voir! fait-il.

Le gendarme va vers la voiture, aperçoit un officier blessé, porte la main à son chapeau et se retire.

— Ça va bien! déclare-t-il en rentrant. Mais nous savons où il est, ce coquin de Vidocq, et, pas plus tard que demain, il sera coffré.

Vidocq poursuit bientôt son chemin tout seul. Son cousin l'avait quitté à Beaumont, où il avait l'intention de prendre la diligence d'Arras à Paris. Dans la salle d'auberge où il se préparait à dîner, il vit arriver un maréchal des logis de gendarmerie qui, promenant autour de lui un regard circulaire, avisa un officier de dragons et lui réclama ses papiers. Eugène-François frémit. Allait-il donc être arrêté? Le gendarme s'approcha de lui, le salua, l'interrogea sur sa blessure, voulut apprendre où il se rendait, et, finalement, accepta de prendre part au repas d'un vaillant soldat d'Iéna.

On peut penser que Vidocq ne ménagea pas les vins. Buvant sec, il ne craignait rien pour lui-même et n'abandonnait son homme qu'après l'avoir grisé abominablement. Tout en versant à boire à son invité, il le questionna, désireux de savoir pourquoi il avait exigé les papiers du dragon. Le maréchal des logis expliqua que des instructions sévères prescrivaient de s'assurer de l'identité de tous les militaires valides, gradés ou non, qui traversaient le pays et devaient être porteurs d'une permission en règle.

— Quant à vous, mon capitaine, vous avez la meilleure des permissions! continua-t-il d'une voix pâteuse, en montrant le bras en écharpe. Je souhaite qu'elle vous procure de l'avancement. Les braves méritent d'être récompensés.

— Merci du souhait! répondit Vidocq. J'espère

qu'il se réalisera, car j'ai, à Paris, des appuis solides. A votre service, au besoin !

— Ma foi ! s'écria le maréchal des logis, vous pourriez m'être bien utile, mon capitaine, et je vous en aurais toujours de la reconnaissance.

— Parlez ! parlez ! fit Vidocq. Si la chose ne dépend que de moi, elle est faite.

— Eh bien ! je voudrais changer de résidence. Je ne suis pas de ce pays-ci. J'ai toute ma famille aux environs de Dunkerque, et vous comprenez...

— N'est-ce que cela ! interrompit l'audacieux garçon. J'avais raison de vous dire que la chose était faite, si elle ne dépendait que de moi. Je vais m'en occuper dès mon arrivée à Paris. Vous pouvez être sûr qu'avant deux mois d'ici vous serez nommé à Dunkerque. Donnez-moi des renseignements sur vos états de services. Je n'ai pas besoin de savoir comment vous remplissez vos devoirs. J'ai pu m'en assurer de mes propres yeux.

Le maréchal des logis exulte. Il atteint son portefeuille et, scène de comédie, c'est Vidocq qui examine scrupuleusement les papiers du gendarme. Il convient qu'ils sont parfaits ! On boit de nouveau pour fêter cette heureuse conclusion. Le maréchal des logis balbutie quand il veut parler, son regard est vacillant, il a des mouvements inquiétants et l'on peut prévoir que son équilibre, s'il se lève, sera instable.

Survient un gendarme, porteur de plis pour

son supérieur. Celui-ci cherche à lire sans y parvenir. Le capitaine s'offre à le remplacer. Parmi les
plis, il en est un avisant le chef de la gendarmerie
de Beaumont qu'on a des raisons de supposer que
le dangereux forçat évadé Vidocq prendra le lendemain matin la diligence allant à Paris. Un signalement minutieux accompagne cet avis. Vidocq le
dénature en le lisant. L'autre, qui écoute à peine,
et qui ne comprend pas, dit qu'il sera temps, quand
il fera jour, de s'occuper de l'affaire. Pour le moment, mieux vaut avaler quelques nouvelles rasa-
des. Tant et si bien qu'il roule sous la table et qu'il
faut le coucher, attendu qu'on ne peut pas le ramener à la caserne dans un pareil état. Lorsqu'il
s'éveille, vers huit heures du matin, il y a déjà trois
heures que la voiture publique est passée, empor-
tant le héros d'Iéna. On ne sait pas s'il reçut des félicitations de ses chefs. Ce qui est certain, c'est qu'il
attendit en vain son changement de résidence.

A Paris, Vidocq, évitant de se montrer, logea
avec sa mère, qui était demeurée à Versailles jusqu'alors. Tous deux habitaient dans le faubourg
Saint-Denis. Ce fut au cours d'une de ses rares
et prudentes sorties qu'il se heurta à un bijoutier
du nom de Jacquelin, qu'il avait fréquenté à Rouen,
alors que lui-même s'appelait Blondel. Sachant
qu'il pouvait avoir confiance en la discrétion de
cet homme, qui avait été témoin de ses courageux
efforts, il lui avoua une partie de la vérité.

— Tranquillisez-vous! lui dit Jacquelin. Je vous garderai le secret et, si je puis vous être bon à quelque chose, disposez de moi. Ma maison vous est ouverte et vous y serez toujours reçu en ami.

Vidocq profita de l'invitation. Il se rendait fréquemment chez Jacquelin. Ce fut là qu'il rencontra une jeune personne de qui le mari, M. de B..., vivait à l'étranger, après avoir agi d'une manière odieuse envers sa femme. Annette de B... n'était ni laide, ni sotte; abandonnée, elle souhaitait vivement de ne plus être seule; aimante, elle ne demandait qu'à aimer et à être aimée. Elle plut à Vidocq, qui ne produisit point sur elle une impression désagréable. Si bien qu'au bout de quelques semaines ils s'accordèrent pour vivre ensemble. Reprenant son ancien métier de mercier ambulant, auquel il s'entendait parfaitement, il recommença à courir les marchés et les foires, accompagné de sa nouvelle amie.

Son commerce prospéra vite, mais un premier nuage vint bientôt assombrir ce renouveau de prospérité. Il sut, à Melun, que le commissaire de police avait exprimé le regret de n'avoir point examiné ses papiers, ajoutant qu'il le ferait à son prochain passage. Ceci l'inquiéta. On avait donc des soupçons? On le considérait donc comme suspect? Il se hâta de quitter la région et de rentrer à Paris.

En regagnant son domicile, soucieux et plein

d'une vague tristesse, il entendit crier dans les rues la nouvelle qu'une double exécution capitale aurait lieu le lendemain. L'un des condamnés à mort se nommait Herbeaux. Ce nom le fit tressaillir. Ainsi s'appelait cet ancien sous-officier faussaire qui avait contribué à le faire condamner injustement à huit années de travaux forcés. Il voulut s'en assurer et fut au premier rang des spectateurs de l'exécution. C'était bien son Herbeaux. Leurs regards se croisèrent et le condamné à mort tressaillit. Il avait reconnu sa victime. Vidocq apprit plus tard que pendant sa détention à Bicêtre, après sa condamnation, Herbeaux avait fait une déclaration, affirmant l'innocence de son malheureux compagnon de prison.

Il revint chez lui profondément affecté. Il voyait Herbeaux monter d'un pas ferme, avec un air de provocation, les marches de l'échafaud. Il se disait qu'un séjour prolongé au bagne, parmi les voleurs et les assassins, aurait pu le corrompre, lui faire perdre la notion du bien, le faire descendre au niveau de ces misérables, et l'amener, lui aussi, là où il venait de voir finir Herbeaux. Il avait résisté, lutté; il s'était obstiné à rester honnête homme; à vingt reprises, il avait tenté de se créer une situation honorable, entièrement due à son travail, et aussi souvent il avait assisté à la ruine de ses espérances. Maintenant, il était de nouveau recherché, traqué, on lui faisait la chasse ainsi qu'à une bête fauve. Il était signalé partout comme un individu des plus redoutables. Dans ce combat, engagé entre lui, qui était tout seul, et une police qui possédait des centaines de bras et des milliers d'yeux, il était destiné à être définitivement vaincu. Il lui en vint une désespérance allant jusqu'aux larmes, et, dans l'excès de sa douleur, cédant à ce grand besoin d'ouvrir notre cœur que nous éprouvons tous dans les heures angoissantes où il nous paraît que tout va s'écrouler autour de nous, il révéla à Annette la vérité entière.

IX

Elle ne s'éloigna point de lui. Elle le plaignit, le consola, le réconforta, sécha ses larmes, le supplia d'avoir confiance en l'avenir, lui dit que les cruautés du sort ont leur terme.

Les hommes de la nature de Vidocq sont souvent de grands enfants. Lorsqu'ils trébuchent, il ne faut qu'une toute petite main de femme pour les soutenir et les empêcher de tomber. Le malheureux reprit courage. Son ami Jacquelin se joignit à Annette pour l'engager à ne pas s'abandonner, et fit tout ce qu'il pouvait faire en lui donnant son propre passe-port. La défaillance ne dura pas, et, devenu Jacquelin, Vidocq, toujours en compagnie de l'aimable et vaillante Annette, reprit ses voyages, en ayant seulement la précaution de changer d'itinéraire.

Ici s'ouvrit une nouvelle période de quiétude qui se prolongea pendant un an. L'aisance venait. Entre sa mère et Annette, Vidocq jouissait d'un bonheur très doux. Nulle part, il ne rencontrait de regards soupçonneux. Il arrivait même que des gendarmes recherchaient son amitié et causaient familièrement avec lui. Il en était ainsi à Auxerre, dont il avait fait le centre de ses affaires, et où il résidait durant sept ou huit semaines de suite.

Or, un jour, en se promenant sur les quais de cette ville, il fut accosté par un nommé Paquay, ancienne connaissance de Bicêtre, qui lui demanda ce qu'il faisait là. Il répondit évasivement. L'autre crut deviner qu'il préparait un méfait et lui apprit que pour son compte il méditait plusieurs vols. Comment se défaire de ce coquin? Le seul moyen était de l'inquiéter. Vidocq parla de la vigilance de la police locale. Le mieux était de s'éloigner au plus vite. Pour lui, son intention était de prendre le coche de Joigny, qui partait deux heures plus tard. Paquay tint l'avis pour bon et les deux hommes prirent rendez-vous pour le départ. Sans perdre un instant, Vidocq envoya un avertissement anonyme à la gendarmerie. Caché dans un cabaret, il vit le voleur entrer dans le coche, suivi de deux gendarmes en civil. Il se crut débarrassé d'un méchant homme, qui l'aurait volontiers dénoncé, et ce fut le cœur soulagé qu'il regagna son auberge et se mit à emballer ses marchandises pour s'en aller.

Tandis qu'il se livrait à ce travail, un tumulte extraordinaire éclata. La chaîne des galériens envoyés à Toulon venait d'arriver. Les condamnés, au nombre de cent cinquante, devaient coucher dans les écuries de l'auberge, où logerait le lieutenant accompagnant la chaîne. Ce lieutenant, Vidocq ne le connaissait que trop. Terrifié, il ne sortit pas de sa chambre, fit dire qu'il était malade et passa une nuit atroce. Il ne respira qu'au matin, quand l'horrible cortège eut repris son chemin, mais le coup avait été terrible. De nouveau, il revit son existence passée, la prison, le bagne, ses sombres misères, ses fuites angoissées. De nouveau, il trembla à la pensée que tout cela n'était pas fini, que le péril qu'il venait de courir se représenterait le lendemain sous une autre forme et qu'il ne pourrait pas l'éviter. Était-ce donc vivre que vivre ainsi? Mieux vaudrait être mort!

Il lui vint alors un regret d'avoir dénoncé Paquay. N'avait-il pas commis une imprudence? Évidemment, cet individu était un vil coquin, mais n'eût-il pas été plus sage de ne pas exciter sa colère? Il ne manquerait pas de soupçonner la cause de son arrestation et se vengerait en donnant sur Vidocq des indications qui s'appliqueraient trop bien au marchand Jacquelin. Ces appréhensions étaient fondées. Ramené à Auxerre pour y répondre de plusieurs vols, Paquay signala la présence dans la ville du forçat évadé Vidocq, et des gendarmes se présentèrent à son auberge. Il était absent. Ce fut Annette qui les reçut, déclarant que son mari serait bientôt de retour. Elle ne le laissa pas revenir et le rejoignit à Paris, où elle eut besoin d'employer toute sa tendresse pour l'arracher à la nouvelle crise de désespoir qui l'avait saisi. Vidocq, l'audacieux Vidocq, n'était plus Vidocq. Tous les ressorts de son courage s'étaient relâchés. Il se faisait à lui-même l'effet d'une épave devenue le jouet du courant.

Sous la double influence d'Annette et de sa mère, il eut cependant un sursaut d'énergie. Renonçant aux voyages qui paraissaient décidément trop dangereux, il résolut de ne plus quitter Paris. Il découvrit, dans le quartier Saint-Martin, un fonds de tailleur à acheter. Il en fit l'acquisition, sous le nom de son amie, et entreprit le commerce des draps. Intelligent et actif comme il l'était, bien secondé par sa compagne, il vit fructifier sa nouvelle entreprise et put faire de sérieuses économies. En dehors des gens avec lesquels il avait des relations d'affaires, nul ne s'occupait de ce petit négociant, qui semblait être un si brave homme.

Il se croyait oublié de la police. Pourtant, un soir, il eut la sensation qu'il était épié. Se retournant, il entrevit deux individus qui, à cet instant, se dissimulèrent dans l'encoignure d'une boutique. Leur vue éveilla en lui un vague souvenir. Poursuivant son chemin, il constata que ces deux hommes ne s'attachaient point à ses pas. Il crut s'être trompé. Cette conviction se fortifia, dans les jours qui suivirent, et, déjà, il s'imaginait s'être effrayé à tort, quand un commissionnaire vint l'informer qu'il était attendu, pour une affaire urgente, chez un restaurateur du voisinage.

Persuadé, parce que cela s'était déjà présenté, qu'il s'agissait d'une commande de draperie, il s'en fut au rendez-vous, où il fut accueilli par les ricanements moqueurs de deux forçats évadés du bagne de Brest. Il comprit. Il était en face de ses espions de l'autre soir. Le mauvais sort avait voulu qu'il fût rencontré par ces bandits, lesquels étaient parvenus à découvrir sa demeure et savaient ce qu'il faisait.

Pas une seconde, il ne se méprit sur leurs intentions. Ces misérables allaient le faire chanter, sous la menace de le dénoncer. Ils commencèrent, en effet, par lui demander de l'argent. Expliquant qu'il n'était pas riche, il leur donna cinquante francs, ce qui parut les satisfaire momentanément. Ils annoncèrent qu'ils allaient quitter Paris, ayant des affaires en province, mais Vidocq ne se leurra point de l'espoir qu'ils ne reviendraient pas. Désormais, ils l'exploiteraient sans merci, et, comme les bandits de leur espèce ont entre eux une sorte de solidarité, ils se hâteraient d'informer leurs pareils que lui, Vidocq, était là, qui n'oserait pas refuser de les secourir.

Il se retira la mort dans l'âme, n'ignorant pas qu'il n'avait aucune pitié à attendre de ces tigres. Il n'envisagea pas la possibilité de les faire arrêter. Ceci ne le mettrait point à l'abri de leur vindicte. Cette certitude n'était pas de nature à soulager son âme. Jamais sa situation ne lui était apparue sous de plus sombres couleurs. Pourtant, il garda le silence, se refusant à affliger les deux bonnes créatures de qui l'affection était son unique bonheur.

Douloureusement affecté, il était dans la situation des gens qui, par instinct, tendent le dos, se demandant, sans le concevoir exactement, de quel nouveau malheur ils sont menacés. Il ne fut pas longtemps avant de le savoir. Certain matin qu'il traversait la rue du Petit-Carreau, une femme pauvrement vêtue vint à le croiser. Tous deux se reconnurent et s'arrêtèrent. Cette femme était la sienne, ou, plus exactement, celle qu'il avait épousée, lorsqu'il n'avait encore que vingt-deux ans, pour légitimer une maternité imaginaire, et aussi pour se soustraire aux foudres du redoutable proconsul Joseph Lebon. Elle était triste et comme honteuse d'elle-même. Vidocq ne tenta point de l'éviter. Elle ne lui cacha pas qu'elle vivait dans la misère. Toutefois, elle ne sollicita aucun secours.

Vidocq avait une naturelle sensibilité. Peut-être aussi un sentiment de prudence lui conseilla-t-il de venir en aide à son ancienne femme, qui ne le dénon- cerait pas tant qu'elle saurait pouvoir compter sur son assistance. Il lui remit donc un peu d'argent, considérant qu'elle ne serait pas pour lui une lourde charge. Il fut très vite détrompé. Quinze jours ne s'étaient pas écoulés qu'il recevait d'elle un mot pressant, l'invitant à venir lui parler. Elle lui donnait son adresse, rue de l'Échiquier. Que trouve-t-il là, dans un immonde galetas? Toute la famille de l'ancien terroriste Chevalier, et Chevalier lui-même, récemment sorti de la prison où il avait purgé une condamnation pour vol. Ces gens implo- rent sa charité, et le conjurent de ne pas les aban- donner. Les repousser est dangereux. Vidocq promet et, furieux, ne sachant comment il pourra subvenir aux besoins de six ou sept personnes, re- prend le chemin de sa boutique.

Il n'y arrive que pour y voir des femmes en pleurs, en proie au plus profond chagrin. Deux hommes en état d'ivresse se sont présentés en son absence, la menace à la bouche, réclamant de l'argent, indi- quant l'endroit où il faudrait leur porter la somme qu'ils exigeaient, si l'on voulait éviter des ennuis. Eugène-François obéit et essaya de faire comprendre à ces gredins qu'ils feraient mieux de travailler que de continuer à risquer le bagne et peut-être la guil- lotine. Son admonestation ne lui valut que des moqueries grossières. Quarante-huit heures après, l'un de ces scélérats vint à son domicile, ayant, disait-il, à lui parler en particulier. Vidocq s'attendait à une nouvelle sollicitation. Il n'en était rien. L'autre étala devant lui de l'argenterie et des montres d'or et lui en demanda quatre cents francs. Il refusa d'abord, certain que les montres et les couverts d'argent provenaient d'un vol.

— Ça va bien! ricana le bandit. Fais-le à l'honnêteté autant que ça te plaira. C'est ton affaire. La mienne est d'avoir de l'argent. Il m'en faut. Sinon, tu recevras la visite de quelque curieux de la Préfecture. As-tu compris?

Hélas! le pauvre diable n'avait que trop bien compris! Il donna les quatre cents francs et, resté seul, tomba dans un désespoir affreux. Il était devenu recéleur. « J'étais criminel malgré moi, a-t-il écrit, mais enfin je l'étais, puisque je prêtais mes mains au crime! On ne conçoit pas d'enfer pareil à celui dans lequel je vivais. Sans cesse j'étais agité; remords et craintes, tout venait m'assaillir à la fois, la nuit, le jour, à chaque instant, j'étais sur le qui-vive. Je ne dormais plus, je n'avais plus d'appétit, le soin de mes affaires ne m'occupait plus, tout m'était odieux. Tout? Non! J'avais près de moi Annette et ma mère. Mais ne me faudrait-il pas les abandonner? Tantôt, — je frémis à cette réminiscence de mes appréhensions, — ma demeure se transformait en un abominable repaire, tantôt elle était envahie par la police, et la perquisition mettait au jour les preuves d'un méfait qui allait attirer sur moi la rigueur des lois. »

Vidocq vécut alors des heures atroces. La famille Chevalier le dévorait et les deux forçats évadés ne cessaient pas de le harceler. Ils amenèrent avec eux, certain jour, un abominable coquin, nommé Saint-Germain, et demandèrent à Vidocq de leur prêter la petite voiture d'osier qu'il possédait, ayant à se rendre, dirent-ils, aux environs de Senlis, ce à quoi il consentit. Dix jours plus tard, ramenant la voiture, Saint-Germain revint seul, annonçant que ses camarades étaient arrêtés. Il ne s'expliqua pas davantage. Soupçonnant quelque mystère, Vidocq se rendit à la remise où était sa voiture, examina celle-ci et y découvrit des traces de sang. Pressé de questions, Saint-Germain avoua que ce sang était celui d'un roulier, assassiné près de Louvres, et dont le cadavre avait été caché dans le coffre de la voiture, en attendant qu'on pût s'en débarrasser. En achevant son récit, le bandit voulut associer Eugène-François à un cambriolage qu'il projetait. Devant son refus, il lui déclara que c'était à prendre ou à laisser. Il fallait marcher avec lui. Il attendrait jusqu'au lendemain. Si Vidocq ne consentait pas à devenir son complice, il le dénoncerait.

La menace n'était pas vaine...
Vidocq le savait...

Et ceci entraîna la décision qui devait un peu plus tard transformer sa vie...

Il se rendit à la Préfecture de police et demanda à parler en particulier à M. Henry, chef de division de la Sûreté.

TROISIÈME PARTIE

LES ANNÉES HEUREUSES

———

I

Ceci se passait au début du mois de mars 1809.

Il y avait alors près de douze années qu'Eugène-François Vidocq avait été condamné aux travaux forcés pour un faux qu'il n'avait pas commis.

Sa vie, pendant ces douze années, avait été une suite d'aventures à ce point extraordinaires que l'on ne comprend pas pourquoi les romanciers, qui ont fait de lui le héros de leurs récits imaginaires, ne se sont pas contentés de lui conserver sa véritable physionomie, qui le rend bien supérieur au personnage que l'on a défiguré à plaisir.

Il avait lutté, combattu, rebondissant après chaque chute, ne s'écartant jamais du chemin d'honnêteté qu'il s'était tracé, donnant l'exemple d'une force de volonté dont peu d'hommes seraient capables, cédant rarement au découragement, rachetant ses défaillances momentanées par d'énergiques réactions.

Maintenant, il était à bout...

Cela ne pouvait plus continuer...

Traqué également par la police et par les criminels, il lui fallait choisir...

Il avait choisi, et c'est pourquoi, par ce matin de mars 1809, il gravissait l'escalier de la Préfecture de police qui conduisait au bureau de M. Henry.

Ce dernier, fonctionnaire de haut mérite, bienveillant de nature, mais à qui ses fonctions imposaient la plus grande réserve, accueillit Vidocq avec politesse, l'écouta attentivement, parut intéressé par son récit, mais ne lui fit qu'une réponse évasive, qui ne pouvait pas donner satisfaction à son visiteur, lequel s'engageait à faire arrêter de nombreux voleurs et assassins, si l'on voulait bien lui permettre de séjourner en paix à Paris.

— Vous me demandez, dit-il, ce qu'il n'est pas en mon pouvoir de vous promettre. Vous devez sentir que vous n'êtes pas le premier à venir m'apporter de pareilles propositions. Quand on a cru pouvoir les accepter, on a toujours eu à le regretter. Vous me dites que vous avez été condamné injustement, et je veux bien vous croire, mais, s'il en est ainsi, puisque la sollicitude du procureur général de Douai vous était acquise, votre intérêt vous commandait d'attendre en prison l'effet de votre requête. Si votre cause était bonne, vous l'avez rendue mauvaise. Mais il n'est pas utile de revenir sur le passé. Je vous répète que je ne puis prendre envers vous aucun engagement. Je ne vous empêche pas de me faire parvenir des renseignements, et, peut-être, si vos services sont appréciables, pourrai-je intervenir en votre faveur. C'est tout ce que je puis vous dire. Réfléchissez. Inutile d'ajouter que vous n'aurez pas à regretter votre démarche. Retirez-vous sans crainte. Vous ne serez pas suivi.

Vidocq sortit navré. Il avait cru que sa visite à M. Henry aurait le même succès que celle autrefois faite au commissaire général de Lyon, qui s'était si bien trouvé de l'avoir employé. Sa déception fut vive et sa perplexité extrême. Saint-Germain allait revenir. Se laisserait-il dénoncer par lui? Le devancerait-il, au contraire, en le livrant à la police? Dans un cas, comme dans l'autre, sa sécurité personnelle serait compromise. Il ne savait donc pas à quoi il devait s'arrêter. Il n'y avait qu'un point sur lequel ses intentions étaient formelles. Il voulait demeurer honnête homme. Pour le reste, il renvoya sa décision à la suite de la prochaine visite de Saint-Germain, mais ce bandit ne parut pas. Des semaines s'écoulèrent, et ni lui, ni ses deux camarades, ne se montrèrent. Vidocq ne savait que penser de ce silence. Annette, qui avait de la piété, faisait brûler des cierges pour obtenir que ces misérables ne donnassent plus signe de vie.

Le calme renaissait. On était au début de mai. L'orage paraissait conjuré. Vaine espérance! A trois heures du matin, on frappe à la boutique. Vidocq devine. C'est la police. Bondissant de son lit en chemise, ramassant à la hâte quelques pièces de monnaie éparses sur un meuble, il se sauve dans l'escalier, monte au quatrième étage, trouve une porte ouverte, pénètre dans un logis de modestes ouvriers causant dans une pièce voisine, se glisse sous un lit et attend les événements. Il est chez les Fossé, de dignes gens, avec lesquels il a souvent causé, et qui ont de la sympathie pour lui. Cependant, il n'ose pas se faire voir. La maison est pleine de rumeurs; on monte, on descend, on parle, on crie. Un commissaire de police se présente, demandant si l'on n'a pas donné asile à Vidocq, un dangereux criminel, un forçat évadé, capable de tous les forfaits. Le père Fossé répond qu'il n'a pas vu Vidocq et que le commissaire, si cela lui convient, peut fouiller partout. La sincérité du brave monteur en cuivre est évidente. Le magistrat n'insiste pas et s'en va.

Dans sa cachette, le fugitif a eu chaud. Il écoute la conversation des trois Fossé, le père, la mère et le fils, qui s'expriment amicalement sur son compte et forment des vœux pour qu'il puisse s'échapper. Il pourrait se montrer. Craignant un retour de la police, laquelle doit être convaincue qu'il n'a pas quitté la maison, il ne sort pas de son abri provisoire. Les Fossé bavardent encore un peu, en prenant le petit déjeuner du matin, puis ils s'en vont, fermant à double tour la porte de leur logement. Voici donc Vidocq prisonnier. Peut-être pourrait-il s'évader, mais la maison doit être surveillée étroitement et, d'ailleurs, il est à peu près nu. La sagesse commande de rester.

Seulement, au cours de la journée, un malaise se dessine, s'accroît, devient impérieux. Ne pouvant plus résister, Vidoq se lève, cherche autour de lui, et ne découvre qu'une marmite. Il l'utilise, et replace ensuite le couvercle. Vers la fin de l'après-midi, la famille revient, et le premier soin de la ménagère est de mettre la marmite sur le feu. Il y a un reste de soupe aux haricots qu'on mangera avant d'aller achever le repas du soir chez le marchand de vin du coin. C'était une curieuse habitude des ouvriers d'alors. On préparait le dîner chez soi, puis on le portait au cabaret.

On peut s'imaginer ce qui se passa, et qui rappelle l'histoire grasse, populaire en Allemagne, de ce voleur qui, juché sur une cheminée, s'amusait, imitant Til Eulespiègle, à empoisonner la marmite de deux vieux paysans, le mari et la femme, qui, joignant les mains avec extase, remerciaient le ciel du régal qu'il leur envoyait. Suffoqués par une horrible odeur, découvrant la cause de ce mystère d'infection, les trois Fossé, s'accusant réciproquement de cette farce ignoble, étaient sur le point de se battre, lorsque Vidocq, surgissant de sa cachette, leur révéla la vérité et les supplia de l'aider à s'enfuir, leur jurant qu'il était innocent et victime de la haine de la police.

D'abord, la mère Fossé sortit pour lui acheter quelques habits, tandis que le père Fossé s'en allait chez un traiteur, d'où il envoya un pâté à Mme Vidocq, avec une lettre d'Eugène-François disant qu'il avait pu réussir à fuir et qu'il était en sûreté. Cette manœuvre, pensait-il, devait éloigner la police, qui ne manquerait pas de s'emparer du pâté et de la lettre. Le succès ne fut que partiel. Des agents continuèrent à faire le guet. Il y en eut un qui, posté dans l'escalier, ordonna au père Fossé, descendant avec sa famille pour se rendre chez le marchand de vins, d'éteindre sa chandelle, et qui la souffla lui-même, au grand soulagement de Vidocq venant le dernier, avec un large plat de ragoût sur la tête. Au dehors, il prit sa course et ne fit halte qu'à l'entrée de la rue de Bondy. Il s'arrêta, respira. et réfléchit. Que devait-il faire?

II

Au cours de cette longue journée, et pendant qu'il prêtait une oreille attentive aux bruits montant jusqu'à lui, Vidocq avait cherché de qui pouvait venir la dénonciation qui ruinait sa paisible vie.

Saint-Germain, peut-être en prison, peut-être en expédition en province, n'avait aucune raison pour le trahir. Il en avait beaucoup, au contraire, pour le ménager. C'était un complice possible. C'était, pour le moins, un homme chez qui on pouvait trouver un asile et de l'argent. A force d'y songer, se remémorant certains propos de son ancien beau-frère Chevalier, Vidocq fut convaincu que l'auteur du coup n'était autre que celui-ci. En conséquence, arrêtant son plan avec rapidité, il se rendit rue de l'Échiquier, où on ne l'attendait pas.

La famille demeura stupéfaite en l'apercevant, et, s'il avait pu concevoir un doute sur la valeur de ses soupçons, il eût été fixé par l'allure de ces gens. Le terroriste surtout était terrorisé, car il redoutait la colère de l'homme dont il payait la bienfaisance par une aussi monstrueuse ingratitude. Dans sa stupeur et son épouvante, il n'essaya point de nier. Au surplus, Vidocq, qui avait commencé par mettre dans sa poche la clef du logement, ne s'attarda pas à des reproches. S'armant d'un couteau de cuisine, il déclara que le premier qui chercherait à fuir ou qui appellerait aurait la gorge coupée. Personne ne bougea.

— Tu es un coquin, un misérable et un lâche! dit Eugène-François à Chevalier. Tu m'as vendu, malgré mes bienfaits, mais tu vas me restituer ce que je t'ai donné. Il me faut un chapeau, des bottes, une chemise, un habit et de l'argent. Pas demain, entends-tu ! Tout de suite !

Chevalier s'exécuta pour les vêtements, assurant qu'il ne possédait que quelques sous.

— Ça se peut ! fit Vidocq. Alors, tu vas me rendre les quatre couverts d'argent que tu tiens de ma sotte générosité. Demain matin, nous irons les engager ensemble. En attendant, couchez-vous tous. Moi, je passerai la nuit sur une chaise, et gare à celui ou à celle qui remuera !

A quatre heures du matin, Vidocq partit, emmenant Chevalier, et mettant les autres sous clef. Il promena son compagnon dans des quartiers éloignés et déserts jusqu'à huit heures, puis, hélant un fiacre, il se fit conduire au passage du Bois de Boulogne, faubourg Saint-Denis, où existait et existe toujours une succursale du Mont-de-Piété, et surveilla l'opération de prêt. Elle rapporta cent francs, qu'il empocha. La voiture le ramena place de la Concorde. De là, il chargea le cocher de reconduire Chevalier rue de l'Échiquier, avertissant le coquin que sa vengeance l'atteindrait sûrement s'il racontait l'histoire de la nuit et de la matinée. Pour sa part, courant à la Croix-Rouge, il y acheta des habits d'ouvrier, laissant les siens à leur place. A peu près certain de n'avoir rien à craindre, il s'en vint flâner du côté des Invalides, bavarda avec un vieux soldat manchot, de qui il apprit qu'on pouvait se procurer un uniforme d'invalide chez un brocanteur de la rue Saint-Dominique. Il alla voir ce marchand, lui expliquant qu'il avait besoin de ce costume pour jouer la comédie, ce qui n'avait rien que de plausible.

Sans perdre une minute, il se rendit à Passy, et, chez un ami qui était logeur, il put se transformer. « Il ne fallut pas cinq minutes, raconte-t-il, pour faire de moi le plus manchot des invalides ; mon bras rapproché vers le défaut de ma poitrine et tenu adhérant au corps par une sangle et par la ceinture de ma culotte, dans laquelle il était engagé, avait entièrement disparu ; quelques chiffons, introduits dans la partie supérieure d'une des manches, dont l'extrémité venait se rattacher sur le devant du frac, jouaient le moignon à s'y méprendre, et portaient l'illusion au plus haut degré ; une pommade dont je me servis pour peindre en noir mes cheveux et mes favoris, acheva de me rendre méconnaissable. »

Sous ce travestissement, il ne craignit pas de retourner dans son quartier, où il put se convaincre que la surveillance de la police s'exerçait avec la même rigueur autour de son domicile. On était décidé à ne pas le lâcher. Cette constatation le porta à envisager, pour la troisième ou quatrième fois, un abandon définitif de Paris et de la France. Ce qui l'empêcha d'exécuter ce projet, ce fut la détention d'Annette, que l'on retenait sans droit au dépôt de la Préfecture, et qu'on menaçait de Saint-Lazare si elle ne voulait pas fournir des indications permettant d'arrêter son amant. Mais la vaillante femme s'enfermait dans un silence absolu.

Vidocq attendit sa mise en liberté pour l'emmener avec lui. Il avait découvert un logement chez un nommé Bouhin, rue Tiquetonne, et cet homme, qui exerçait la profession de mégissier, accepta de lui vendre un passe-port que rendrait précieux une ressemblance très marquée. Eugène-François était enchanté. Il le fut moins lorsque Bouhin lui révéla que, de concert avec un médecin du nom de Terrier, il faisait de la fausse monnaie, et lui montra des pièces de cinq francs parfaitement imitées. La joie de Vidocq en fut diminuée. Se servir du passe-port du faux monnayeur était périlleux. On l'accuserait peut-être de complicité et, pour la deuxième fois, il serait condamné, bien qu'innocent.

Ceci lui donna à réfléchir. Il résolut, en premier lieu, de chercher un autre domicile, mais il n'en eut pas le temps. La police avait découvert sa retraite. La maison fut envahie et on l'arrêta sur le toit, où il s'était caché, en chemise, derrière une cheminée. Le jour même, il était renvoyé à Bicêtre, d'où il devait repartir avec la prochaine chaîne.

III

Vidocq ne voulait pas retourner au bagne. La mort lui eût semblé préférable. Mais pas davantage il n'avait l'intention de s'évader. A quoi bon? Il était persuadé, maintenant, que l'évasion ne le sauverait pas. Elle lui procurerait un moment de relâche, une apparence de liberté, mais ce ne serait qu'un rêve, une illusion. Toujours sonnerait l'heure fatale où il sentirait la main d'un gendarme ou d'un policier se poser sur son épaule. Mieux valait renoncer à cette lutte perpétuelle, qui se terminait fatalement par sa défaite.

Ce n'était pas du découragement, mais bien plutôt une appréciation nette et claire de la situation. Aussi, lorsque plusieurs détenus lui proposèrent de se joindre à eux pour s'enfuir de Bicêtre, refusat-il, les engageant même à renoncer à un projet dont il leur montra les difficultés et les dangers. On l'écouta. Ses moindres paroles étaient d'ailleurs reçues avec respect. Parmi les criminels entassés à Bicêtre, il jouissait d'un prestige immense. On se racontait ses multiples évasions, ses transformations merveilleuses, ses aventures inouïes. La vérité ne suffisait pas. On y ajoutait.

Vidocq était devenu un personnage de légende. « Partout où l'on comptait quatre condamnés, dit-il, il y en avait au moins trois qui avaient entendu parler de moi. Pas de fait extraordinaire, parmi les galériens, qu'on ne rattachât à mon nom. J'étais le général à qui l'on fait honneur de toutes les actions des soldats. On ne citait pas les places que j'avais emportées d'assaut, mais il n'y avait pas de geôliers dont je ne puisse tromper la vigilance, pas de fers que je ne vinsse à bout de rompre, pas de muraille que je ne réussisse à percer. Je n'étais pas moins renommé pour mon courage et mon habi‑ leté, et l'on avait l'opinion que j'étais capable de me dévouer en cas de besoin. A Brest, à Toulon, à Rochefort, partout enfin, j'étais considéré parmi les voleurs comme le plus rusé et le plus intrépide. Les plus malins briguaient mon amitié, parce qu'ils pensaient qu'il y avait encore quelque chose à apprendre avec moi, et les plus novices recueillaient mes paroles comme des instructions dont ils pour‑ raient faire leur profit. A Bicêtre, j'avais vérita‑ blement une cour, on se pressait autour de ma personne, on m'entourait, c'étaient des prévenan‑ ces, des égards, dont on se ferait difficilement une idée. »

Cettte gloire, d'une espèce particulière, ne grisait pas Eugène-François. Il était décidé à fuir la popu‑ larité qui s'attachait à lui parmi les voleurs et les meurtriers. Il était résolu à tenter une nouvelle démarche près de M. Henry. On l'avait amené chez ce dernier, lors de son arrestation rue Tiquetonne, et le haut fonctionnaire s'était souvenu de lui et de l'objet de sa visite. Il lui avait même montré de la bienveillance. Vidocq se résolut à lui écrire. Pour la deuxième fois, il lui proposa ses services. En retour, il ne demandait qu'une chose. Il lui était égal, disait-il, d'être maintenu en prison pendant de longues années. Son zèle n'en serait point ralenti, car il considérerait comme une faveur la détention qui lui épargnerait le bagne.

M. Henry hésitait. Ses perplexités avaient pour cause ce qu'il avait expliqué à Vidocq, lors de leur entrevue du mois de mars. Des essais semblables avaient été malheureux. On l'avait dupé. Il craignait de l'être encore. Par bonheur, le forçat évadé pouvait faire valoir des arguments qui plaidaient pour lui. Aussi souvent qu'il avait recouvré sa liberté, sa conduite n'avait-elle pas été excellente? Était-il possible de contester ses courageux efforts pour se créer une existence honorable? Sa correspondance commerciale, ses livres, sa comptabilité, ne prouvaient-ils pas la régularité de ses moyens? Toutes les personnes avec lesquelles il avait été en relations d'affaires n'étaient-elles pas là pour témoigner qu'il méritait la plus entière confiance? Considérations morales, ayant leur valeur. Mais restait la condamnation pour faux. M. Henry ne connaissait l'affaire que par les déclarations de Vidocq, qui se disait innocent. Quel était ce faux? Quelle gravité présentait-il? On n'avait pas envoyé au bagne un jeune homme de vingt-deux ans sans des motifs sérieux.

Vidocq, précédemment, avait obtenu du procureur général Rosis, successeur à Douai de M. Ranson, une attestation qui justifiait ses dires. Datée du 20 janvier 1809, elle était ainsi conçue : « Le procureur général impérial, près la cour de justice criminelle du département du Nord, atteste que le nommé Vidocq a été condamné, le 7 nivôse an V, à huit ans de fers pour avoir fait un faux ordre de mise en liberté, et qu'il paraît que Vidocq était détenu pour cause d'insubordination, ou autre délit militaire, et que le faux, pour raison duquel il a été condamné, n'a eu d'autre but que celui de favoriser l'évasion d'un de ses compagnons de prison. » Ce document indiquait aussi pourquoi, craignant d'être renvoyé au bagne, malgré l'intervention de M. Ranson, Vidocq avait pris une dernière fois la fuite.

Ainsi le faux en lui-même ne comportait aucun caractère criminel. Son auteur n'avait pas dû mesurer la gravité d'un pareil acte. Dans tous les cas, il n'avait causé de tort à personne. M. Henry fut ébranlé. Néanmoins, il ne voulut pas assumer la responsabilité de la décision à prendre et il mit le préfet de police d'alors, M. Pasquier, au courant de la question. M. Pasquier pesa le pour et le contre, reconnut que Vidocq ne pouvait pas être considéré comme un malfaiteur, que tout lui était favorable, et que, sans aller jusqu'à le libérer immédiatement, il convenait, s'en tenant aux termes de sa propre demande, d'accepter ses offres, tout en le maintenant en prison. En conséquence, sous prétexte que Vidocq était impliqué dans une louche affaire, qui exigerait une minutieuse instruction, on l'enleva de Bicêtre afin de le transporter à la Force. Il en éprouva la plus grande joie de sa vie. Il était sauvé ! Il n'irait plus au bagne ! Il resterait enfermé long-temps encore peut-être, mais il se sentait sûr de lui. Il rendrait tant de services qu'on finirait bien par lui ouvrir les portes de sa cage, et, alors, il pourrait vivre comme tout le monde, librement, en plein soleil.

A la Force, Vidocq retrouva la popularité dont il jouissait à Bicêtre, et qui le suivait partout. Le mystère dont on entourait l'inculpation dont il était l'objet, et sur laquelle lui-même ne soufflait pas mot, lui valut un surcroît de considération. Un homme tel que lui ne pouvait avoir commis que quelque crime sensationnel, qui le conduirait à la guillotine. A cette sinistre perspective, il opposait un front calme, une attitude orgueilleuse, un sourire de défi. En fallait-il plus pour lui valoir l'aveugle confiance sans laquelle il lui aurait été impossible de remplir l'engagement qu'il avait pris.

Lui-même s'en explique. « A la vérité, écrit-il, j'avais connu une foule de malfaiteurs, mais incessamment décimée par les excès de tous genres, par la justice, par l'affreux régime des bagnes et des prisons, par la misère, cette hideuse génération avait passé avec une inconcevable rapidité. Une génération nouvelle occupait la scène, et j'ignorais jusqu'au nom des individus qui la composait. Je n'étais pas même au fait des notabilités. Une multitude de voleurs exploitaient alors la capitale, et il m'aurait été impossible de fournir la moindre indication sur les principaux d'entre eux. Il n'y avait que ma vieille renommée qui pût me mettre à même d'avoir des intelligences dans l'état-major de ces bédouins de notre civilisation. Elle me servit, je ne dirai pas au delà, mais autant que je pouvais le désirer. Il n'arrivait pas un voleur à la Force qu'il ne s'empressât de rechercher ma compagnie; ne m'eût-il jamais vu, pour se donner du relief aux yeux de ses camarades, il tenait à amour-propre de paraître avoir été lié avec moi. Je caressais cette singulière vanité; par ce moyen je me glissai insensiblement sur la voie des découvertes. Les renseignements me vinrent en abondance, et je n'éprouvai plus d'obstacles à m'acquitter de ma mission. »

Vidocq, à qui Balzac a pensé, lorsqu'il écrivit la *Dernière incarnation de Vautrin*, resta enfermé à la Force, soumis aux mêmes règles et au même régime que les autres détenus, pendant vingt et un mois. Durant cette longue période, au bout de laquelle il devait retrouver une apparente liberté, il rendit de précieux services à la justice, grâce

ux nombreuses indications qu'il put fournir à
M. Henry.

Il signala à coup sûr des voleurs et des assassins,
précisant les conditions dans lesquelles leurs méfaits ou leurs crimes avaient été exécutés, montrant
comment on pouvait accumuler contre eux des
preuves les mettant dans l'impossibilité de nier.
Coco-Latour, qui devait plus tard être son lieutenant et lui tirer constamment dans le dos, fut un
de ceux qu'il fit prendre la main dans le sac. Son
activité dépassait les limites de la prison. Au dehors,
son amie Annette, qui le visitait fréquemment,
le secondait avec beaucoup d'habileté et de présence d'esprit, se travestissant au besoin pour pénétrer jusque dans les repaires des bandits qu'il fallait atteindre. Très intelligente, ne manquant ni
d'audace, ni de courage, elle s'acquittait à merveille
de la tâche qui lui était confiée.

Les arrestations se suivaient. Tous les jours, la
police coffrait quelque scélérat. Des évadés du
bagne étaient appréhendés et renvoyés aux galères
sans comprendre d'où venait le coup. La terreur
régnait dans le monde du crime. La suspicion s'en
mêlait et tous ces misérables, soupçonnant une
trahison, se méfiaient les uns des autres. Aucun
soupçon ne pesait sur Vidocq, mais, comme sa
détention ne pouvait se prolonger indéfiniment, il
fallut songer à le relâcher.

Ce n'était pas facile. Lui ouvrir les portes de la

Force, c'était révéler son action secrète. N'était-il pas un forçat évadé que le bagne de Toulon réclamait? M. Henry estima qu'il n'y avait qu'un procédé pour tourner la difficulté. Eugène-François s'était évadé à vingt reprises. Il pouvait bien s'échapper une fois de plus. On vint donc le chercher avec un luxe de mesures montrant à quel point on le considérait comme dangereux. On lui mit les menottes. Des agents montèrent à ses côtés dans la voiture qui devait le ramener à Bicêtre. En chemin, il rompit ses liens, bouscula les policiers, sauta à terre et disparut. « Cette évasion fit grand bruit, dit-il, et surtout à la Force, où mes amis la célébrèrent par des réjouissances. Ils burent à ma santé et me souhaitèrent un bon voyage. »

Enfin, Vidocq était libre! Liberté apparente, répétons-le, car aucune sanction de grâce n'avait été prise en sa faveur. On pouvait l'arrêter. Il n'avait d'autre garantie que la protection du préfet de police et de M. Henry. Cela lui suffisait.

IV

Les débuts furent pénibles. Pour battre le pavé de Paris, Vidocq devait prendre des précautions sans cesse modifiées. D'autre part, s'il n'avait pas encore les voleurs contre lui, il jouissait, si l'on peut dire, de l'hostilité du personnel de la police. On considérait d'un mauvais œil ce nouveau venu, cet intrus, qui se vantait de faire mieux que tout le monde. On l'attendait à l'œuvre. On lui donnerait, à l'occasion, quelque croc-en-jambe qui le laisserait tout meurtri et tout penaud. Il comprenait bien qu'on ne lui voulait que du mal, mais cette conviction, au lieu de le décourager, ne faisait qu'exciter sa volonté.

Presque tout de suite, après un combat dangereux, il arrêta un certain Watrin, qui fabriquait des billets de banque. Peu après, de fausses pièces de cinq francs se multipliant d'une manière inquiétante, et M. Henry l'ayant chargé de découvrir les faux monnayeurs, il se souvint du mégissier Bouhin et de son complice, le médecin Terrier. Ces deux hommes, il n'en doutait pas, parce qu'il n'avait pas voulu s'associer à eux, avaient été ses dénonciateurs. Il les surveilla et les fit prendre en flagrant délit. A cette époque, ce crime était puni de mort. Watrin, Bouhin et Terrier furent guillotinés.

Sur ces entrefaites, il rencontra ce Saint-Germain qu'il n'avait plus revu, et qu'il savait être un homme redoutable, capable de tous les crimes. Ce bandit lui demanda ce qu'il faisait.

— Rien! répondit Vidocq. Et je ne puis rien faire. Je crains d'être arrêté, et j'en suis réduit à changer de logement toutes les semaines. Je suis désespéré et je ne sais que devenir.

— Ce n'est pas drôle! observa Saint-Germain.

Mais, quand on a des amis, il faut compter sur eux. Je vais te donner mon adresse. Viens me voir de temps en temps, et, s'il se présente un bon coup à faire, je te garderai ta part.

Vidocq n'alla point chez Saint-Germain, mais il le revit sur les boulevards extérieurs, en compagnie d'un certain Boudin, gredin consommé. Tous deux l'invitèrent à déjeuner et, au cours du repas, lui proposèrent de participer à un double assassinat, rue des Prouvaires. Il feignit d'accepter et il fut décidé qu'on se reverrait quelques jours plus tard, afin d'arrêter le plan de l'expédition.

Sans désemparer, Vidocq rendit compte de l'affaire à M. Henry.

Celui-ci ce montra soucieux.

— Au moins, questionna-t-il, n'avez-vous pas agi en provocateur?

En formulant cette question, M. Henry allait en quelque sorte au-devant des accusations qui poursuivirent Vidocq pendant toute sa carrière, et qui trouvèrent créance, beaucoup plus tard, auprès de M. Gisquet, préfet de police sous Louis-Philippe.

Contre ces accusations, Vidocq s'est toujours défendu énergiquement, et, semble-t-il, avec raison, mais on ne saurait se dissimuler que les conditions dans lésquelles il lui fallait opérer, au début de sa nouvelle incarnation, étaient de nature à laisser croire qu'il agissait en provocateur. Travaillant seul, en dehors des inspecteurs ordinaires, plus capables d'entraver son action que de la faciliter, passant aux yeux des voleurs et des assassins pour un forçat évadé ayant commis les pires forfaits, il ne pouvait se mêler à ces misérables et descendre dans leurs bouges qu'en paraissant se solidariser avec eux. Il ne proposait pas des affaires, il ne préparait pas un mauvais coup, mais il feignait d'accepter d'y participer. En bonne justice, on ne voit pas comment il aurait pu s'y prendre autrement. Il ne faut donc pas montrer trop de scepticisme, quand il proteste contre ce qu'il appelle une calomnie. L'assurance qu'il donna à son chef de la correction de son attitude convainquit ce dernier par son accent de sincérité.

Il revit Saint-Germain à plusieurs reprises. Celui-ci lui apprit que l'affaire de la rue des Prouvaires était trop difficile et qu'il fallait y renoncer. En même temps, il lui fit part de quelques propos le concernant. On insinuait qu'il appartenait à la police. Vidocq ne se troubla pas, expliquant que lui même avait répandu ce bruit afin d'éviter d'être dénoncé. Saint-Germain, qui était homme à le tuer s'il avait été certain que l'imputation était exacte, mais qui professait envers lui de l'admiration, le crut sur parole et lui apprit qu'en compagnie de Boudin il avait préparé un vol chez un banquier habitant au coin des rues d'Enghien et d'Hauteville. Le coffre-fort était bondé d'or et de billets.

Rien n'était plus aisé que d'escalader le mur du jardin qui s'étendait autour de la maison. Une fois dans la place, si les deux gardiens du trésor prenaient l'alarme, on saurait bien les empêcher d'appeler au secours.

Saint-Germain jugeait que Vidocq, adroit et vigoureux, lui serait d'une grande utilité. Peut-être, cependant, demeurait-il une ombre dans son esprit au sujet des relations de son nouvel associé avec la rue de Jérusalem. Ce qui permet de le supposer, c'est qu'au matin du jour fixé pour l'exécution, qui devait avoir lieu aux approches de minuit, il décida que Boudin, Vidocq et lui-même ne se quitteraient pas un instant et passeraient la journée chez lui. Eugène-François parut accepter sans contrainte, mais ceci créait pour lui une situation terrible. Comment communiquer à M. Henry les précisions nécessaires?

Il s'avisa, dans le courant de l'après-midi, de parler du vin excellent qu'il avait en cave, proposant d'envoyer, par le concierge, un mot à Annette, qui apporterait trois ou quatre bouteilles. L'offre fut acceptée. Annette vint, et, en l'embrassant, comme elle allait se retirer, Vidocq lui glissa un billet lui enjoignant de le suivre, lorsqu'il s'en irait dîner avec ses amis, et de ramasser ce qu'il laisserait tomber. La jeune femme, bien déguisée, exécuta ces prescriptions. En chemin, Vidocq entra dans un cabinet d'aisance, écrivit à la hâte une note qu'il jeta à terre en sortant et dont son amie s'empara. Vingt minutes plus tard, M. Henry avait entre les mains le précieux papier, prenait ses dispositions, et Saint-Germin et Boudin étaient arrêtés, armés jusqu'aux dents, à l'instant où ils venaient de sauter dans le jardin du banquier.

Ce fut un des premiers gros succès de Vidocq. M. Henry se félicita d'avoir eu confiance en lui, et ce sentiment se fortifia très vite, car les journées étaient rares où l'activité de l'agent secret ne se manifestait pas par une capture plus ou moins importante, mais toujours intéressante. Il le fallait. Le nombre des malfaiteurs augmentait d'une manière inouïe. Tous les bandits de province avaient pris Paris pour lieu de rendez-vous. Les mauvais lieux en étaient remplis, et les inspecteurs de police hésitaient à y pénétrer, sachant qu'ils y seraient massacrés au premier soupçon.

Vidocq avait plus de vaillance. Peut-être aussi avait-il plus d'adresse. Il poussait loin l'art des déguisements, et jouissait de la curieuse propriété de diminuer sa taille à volonté. Descendant dans tous les repaires, franchissant le seuil de toutes les maisons louches, familier des quartiers les plus mal famés, il s'était lié avec une foule de gredins et avait réussi à obtenir leur confiance. Presque quotidiennement, on lui proposait une affaire. Il acceptait, puis, à la dernière minute, il s'esquivait, assez adroitement pour ne pas éveiller les soupçons. Il arrivait même que l'un des voleurs, ayant pu s'échapper, s'empressait de l'avertir du danger.

M. Henry ne laissait passer aucune occasion de le complimenter et ne manquait jamais de le donner en exemple aux autres policiers. Ceux-ci ne décoléraient pas. Leur jalousie était à ce point excitée que certains d'entre eux, oubliant leur devoir, ne craignirent pas de le signaler aux coquins auxquels il faisait la chasse, quoique n'ignorant pas qu'ils le désignaient aux coups des assassins. Ce fut miracle s'il échappa à ce péril.

Son ingéniosité était infinie. Il en donnait des preuves multiples. En conséquence, les tâches les plus difficiles lui étaient réservées. Souvent, il n'avait pour point de départ qu'une faible indication, devant laquelle il restait perplexe.

— Cherchez, Vidocq! lui disait son chef, qui l'avait pris en amitié. Si vous cherchez bien, vous trouverez!

Il cherchait et trouvait. C'était le limier par excellence. Il avait des imaginations curieuses. Rien de plus amusant que l'histoire de ce recéleur que l'on n'avait jamais pu prendre en défaut, chez qui l'on avait perquisitionné maintes fois sans succès, que les inspecteurs proclamaient imprenable, et qu'il parvint à confondre.

Posté aux environs de la maison de cet homme, il le guette, le voit sortir, le suit, et, parvenu non loin d'un corps de garde, l'interpelle par le premier nom qui lui vient à l'esprit. L'autre répond que c'est une erreur. Vidocq insiste, prétendant qu'il l'a parfaitement reconnu pour l'individu qu'il a nommé et qu'il est un voleur dangereux. Nouvelles protestations du recéleur. Finalement, sûr de son fait, il consent à entrer au corps de garde, disant qu'on peut envoyer à son domicile. Vidocq lui réclame ses papiers. Il n'en a pas. On le fouille. Il a sur lui, dans un mouchoir, plusieurs montres et une forte somme en or. Le tout est consigné et le suspect aussi, toujours tranquille, en attendant que le commissaire de police soit averti. Vingt-cinq minutes plus tard, un commissionnaire se présente chez la femme du recéleur. C'est Vidocq. Il montre, comme signe de reconnaissance, le mou-choir qu'il a conservé.

— Qu'y a-t-il ? s'écrie la femme.

— Il y a que votre mari est arrêté. Il est au poste. On a saisi ce qu'il avait sur lui. Il a été vendu. Il m'a chargé de vous prier de déménager ce que vous savez. Je puis vous donner un coup de main. Mais il n'y a pas de temps à perdre.

La femme, affolée, ne réfléchit pas. Elle charge le faux commissionnaire d'aller chercher trois fiacres. La commission est exécutée. Les voitures sont remplies d'une foule d'objets précieux, de belles marchandises, de riches candélabres, etc., le tout extrait d'un cabinet dissimulé derrière une haute armoire. Le déménagement achevé, la recé-

leuse donne une adresse au cocher du premier fiacre,
monte avec Vidocq dans la voiture, et, tout aussitôt, voit celle-ci entourée par la police. Trois mois
après, la femme était condamnée à l'emprisonnement et le mari envoyé au bagne.

V

On pourrait multiplier les histoires de cette
nature. On en remplirait un volume. Vidocq n'y
a pas manqué en écrivant ses Mémoires, mais il
s'agissait moins, ici, de mentionner ses exploits de
policier que de tracer le tableau d'une existence
qui fut extraordinaire et que l'on ne connaît pas
assez. Cependant, la physionomie du célèbre aventurier serait insuffisamment reconstituée, si l'on
ne racontait pas quelques-uns des faits qui, à cette
époque, achevèrent de lui valoir la confiance de
son chef immédiat, et celle, plus élevée encore, du
baron Pasquier. Sans quoi on ne s'expliquerait pas
comment, deux années après sa sortie de la prison
de la Force, il put obtenir la création et la direction de la brigade criminelle de la Sûreté.

L'arrestation de Gueuvive et de ses complices
est un des modèles du genre. Ce Gueuvive était un
ancien maître d'armes devenu souteneur, voleur
et peut-être assassin. Sa maîtresse avait été tuée
dans des circonstances mystérieuses, mais on n'avait

relevé aucun indice permettant de l'accuser de ce meurtre. Il était le chef d'une bande qui opérait de préférence dans le faubourg Saint-Germain, et sur laquelle on ne parvenait pas à mettre la main. En désespoir de cause, M. Henry fit appeler Vidocq.

— Il me faut Gueuvive mort ou vif! lui dit-il. Mais je l'aimerais mieux vif que mort!

— Très bien! fit Vidocq. Je le ferai prendre la main dans le sac.

D'un autre, la promesse aurait laissé M. Henry sceptique. De la part de son agent, elle lui parut toute naturelle. Il lui recommanda seulement d'être prudent, car on pouvait tout craindre de Gueuvive, et l'indiscrétion des inspecteurs jaloux de Vidocq mettait celui-ci en dangereuse posture.

— Soyez tranquille, Monsieur Henry! assura-t-il. Je me suis tiré des mains de Saint-Germain. Ce n'est pas Gueuvive qui m'aura!

Le même soir, aux alentours de minuit, quelques filles et plusieurs individus buvaient dans un cabaret borgne du quartier Saint-Germain, quand ils virent entrer un client inconnu, de qui les allures suspectes et l'air impudent, ainsi que la tenue débraillée, indiquaient le métier. Ce ne pouvait être qu'un voleur, personnage sympathique en un pareil endroit. Le ton éraillé du quidam confirma cette impression, qui lui fut si favorable que l'une des filles ne refusa point le petit verre qu'il lui offrait.

Le drôle avait du bagoût. Il amusa la fille et lui parut un bon compagnon. A un certain moment, il entendit prononcer le nom de Constantin. C'était le prénom du bandit qu'il s'était engagé à amener mort ou vif à M. Henry. Il témoigna le désir de lui parler. Son amie de rencontre lui dit qu'il n'était pas là, mais qu'il viendrait sûrement le lendemain et que, s'il y tenait, elle lui ferait faire sa connaissance, ce que Vidocq, car c'était lui, ne manqua pas d'accepter. Il soupa avec la fille, ne la quitta que tardivement, et, le jour suivant, retourna au cabaret à l'heure indiquée. Gueuvive s'y trouvait. C'était un homme d'une trentaine d'années, de physionomie agréable, d'ailleurs solide et certainement adroit. Le voleur et le policier parurent se convenir, fumèrent des pipes, causèrent des armées, glissèrent aux confidences, et Vidocq laissa entendre qu'il arrivait de province, qu'il était recherché pour divers vols, et qu'il ne savait que devenir à Paris.

Gueuvive dut penser que ce n'était pas une recrue négligeable. Il l'emmena déjeuner à la barrière, avec quatre de ses amis. On bavarda beaucoup. L'argot des criminels, dont Eugène-François se servait admirablement, contribua à dissiper la naturelle méfiance de ses nouveaux camarades. La boisson aidant, on dédaigna les précautions. Vidocq sut où habitait Gueuvive, ainsi que Joubert, son principal lieutenant, lequel offrit un asile pour la nuit au filou provincial. Dans la matinée, Gueuvive arriva. Il venait chercher Joubert et sa maîtresse, la fille Cornevin, pour aller déjeuner à la Glacière. Il invita Vidocq et l'interrogea en chemin, cherchant à savoir qui il était. L'autre laissa entendre qu'il n'avait pas dit la veille toute la vérité et qu'il s'était évadé du bagne de Toulon. Gueuvive lui recommanda la prudence, ajoutant qu'au surplus il n'avait rien à craindre s'il n'était pas connu de Vidocq, le plus dangereux des mouchards. On pouvait dédaigner les autres. Pour sa part, il se moquait d'eux.

— Je flaire ces gredins-là, conclut-il, comme les corbeaux sentent la poudre.

— Quant à moi, dit l'évadé du bagne, je ne suis pas si malin que toi. Mais on m'a si souvent fait le portrait de Vidocq que si je le rencontrais je le reconnaîtrais tout de suite.

Gueuvive eut un sourire de pitié.

— Tu es jeune! fit-il. On voit bien que tu ne connais pas le pèlerin. Tu ne sais donc pas qu'il ne se ressemble jamais? Du matin au soir ce n'est plus le même homme. Mais, lui comme les autres, je les devine au premier coup d'œil. Tiens! continua-t-il, il me vient une idée. Je sais que le coquin demeure rue Neuve-Saint-François. Ce soir, avec les amis, nous irons l'attendre à sa porte et nous l'assommerons. Veux-tu être de la petite fête?

— Convenu! accepta Vidocq.

En effet, pendant plusieurs heures, il « guetta Vidocq » avec les autres. Le policier ne parut pas. Cette expédition comique eut pour résultat d'accroître la confiance de Gueuvive en son compagnon. Il lui proposa de participer à un vol, rue Cassette. Vidocq fit remarquer que n'ayant pas de papiers il craignait de sortir la nuit. Il fut convenu qu'il attendrait le retour de la bande chez Joubert. Le coup réussit et les cinq voleurs revinrent comme il était entendu. Ils en étaient au partage du butin, lorsque la police envahit la chambre. Au premier bruit, Vidocq s'était glissé sous le lit, occupé par la fille Cornevin. On se garda de l'y chercher. Tandis qu'on emmenait les cinq hommes, il s'esquiva, prenant rendez-vous pour le jour suivant avec la maîtresse de Joubert, qu'il cuisina si bien qu'il apprit par elle les noms de tous les membres de la bande qui, arrêtés les mains garnies, furent tous, au nombre d'une vingtaine, envoyés aux galères.

Lors du départ de la chaîne, Vidocq se rendit à Bicêtre, où Gueuvive l'accueillit par une bordée d'injures. « Sans m'offenser de ses grossières apostrophes, écrit-il, je m'approchai de lui et lui dis avec sang-froid qu'il était bien surprenant qu'un homme tel que lui, qui connaissait Vidocq et jouissait de la précieuse faculté de sentir un mouchard d'aussi loin que les corbeaux sentent la poudre, se fût laissé dindonner de la sorte. Confondu par cette foudroyante réplique, il baissa les yeux et se tut. »

L'arrestation d'un autre chef de bande nommé Delvèze, individu de première force, acheva de placer très haut Eugène-François Vidocq dans l'estime de M. Henry et du préfet de police. La bande de ce Delvèze était presque uniquement composée de savoyards, tous cochers, commissionnaires ou frotteurs. Elle avait même l'honneur de compter parmi ses membres le propre frotteur de l'impératrice! Elle cambriolait les appartements riches et, pendant longtemps, il fut impossible d'interrompre ses exploits. L'impunité accroissait son audace. De même que les Français de l'Opéra-Comique, elle ne respectait rien. Rue Saint-Claude, elle pilla un logement dans la maison du commissaire de police! Ce fut son dernier triomphe. Une musette oubliée, de celles qu'emploient les cochers, mit Vidocq sur la voie. Il découvrit le propriétaire de l'objet, un certain Husson, qui dénonça ses complices.

Seul, le chef, Delvèze, s'était soustrait aux recherches policières. On croyait savoir, cependant, qu'il avait une maîtresse, une blanchisseuse, habitant un quartier éloigné. Dans la nuit du 31 décembre 1811, en compagnie de trois inspecteurs, Vidocq se met en faction devant la demeure de cette femme. Il gèle terriblement. Les inspecteurs, persuadés que le bandit n'est pas là, finissent par abandonner la place. Vidocq persiste, mais le froid devient si intense qu'il craint une congestion. Pour l'éviter, il n'hésite pas à s'enfoncer, jusqu'au ventre, dans un trou à fumier, où il reste jusqu'à cinq heures du matin. Une femme sort alors, oubliant de refermer la porte de la cour. Vidocq entre, siffle d'une certaine manière, est invité à monter, se trouve en face de Delvèze, engage avec lui une lutte terrible, le terrasse, le menace de ses pistolets, et, pour finir, lui passe les menottes et l'emmène. A la hauteur de la rue du Rocher, revenant avec son prisonnier des solitudes du faubourg Saint-Honoré, il rencontre un fiacre, s'y installe avec le voleur, qu'il promène, fait boire, conduit plus tard chez un restaurateur et, l'attachant à sa chaise, lui offre à déjeuner.

Pourquoi tout ce temps perdu? C'est que Vidocq a son idée. Il sait à quelle heure M. Henry recevra ses inspecteurs, venus en corps lui présenter leurs vœux de nouvel an. A cette heure-là, il apparaît, poussant l'homme devant lui.

— Monsieur Henry, dit-il, pendant que les policiers le regardaient avec stupeur, j'ai l'honneur de vous souhaiter la bonne et heureuse année, accompagné du fameux Delvèze.

— Voilà ce qui peut s'appeler des étrennes ! s'écrie joyeusement le grand chef. Messieurs, ajoute-t-il, en se retournant vers les inspecteurs et les officiers de paix, il serait à désirer que chacun de vous en eût de semblables à offrir à M. le Préfet ! Allez vous reposer, Vidocq ! Vous l'avez bien gagné, et je suis content de vous !

On peut croire Vidocq, quand il affirme que l'arrestation de Delvèze accrut la haine que ses collègues lui portaient. Les attaques sournoises, les calomnies, les accusations, redoublèrent contre ce policier improvisé qui, tout seul, au bout de six mois, avait fait mettre à l'ombre tant de malfaiteurs, et non des moins dangereux. Plus que jamais, on critiquait ses moyens. On lui reprochait surtout d'avoir recours aux filles publiques, dans lesquelles il voyait de précieuses auxiliaires. Ce n'était pourtant pas auprès des marquises qu'il pouvait aller chercher des renseignements sur les voleurs et les assassins ! Du reste, ces indignations étaient ridicules, car, en matière de police, on n'y regardait pas de très près.

On a fait grief à Vidocq d'avoir appelé autour de lui des individus de qui, à l'exemple de Coco-Lacour, le casier judiciaire était loin d'être vierge, mais on a négligé de reconnaître qu'avant son entrée à la Préfecture le personnel policier n'était pas mieux composé. On ne s'était pas encore avisé qu'on peut faire de la police avec d'honnêtes gens et que ce n'est pas nécessairement à des voleurs qu'il faut s'en remettre du soin d'arrêter leurs semblables. Cette conviction ne s'est formée que plus tard. On voudra bien se souvenir, d'ailleurs, que si Vidocq, après une jeunesse aventureuse et tourmentée, avait été condamné aux galères, cette condamnation atteignait un innocent. Il avait vécu parmi les criminels, il pouvait parler leur langage, rien de leurs habitudes ne lui était étranger, il était capable, s'il le fallait, de se confondre avec eux, mais il n'avait point manqué à l'honnêteté, en dépit de certaines amoralités qui ne revêtaient pas à ses yeux le caractère qu'elles ont aux nôtres.

Entré dans la police, ne pouvant se rendre utile qu'avec ses propres ressources, il avait le droit de justifier sa méthode en arguant du spectacle qui s'offrait à lui. La plupart des agents de police étaient pris parmi les forçats libérés, les voleurs et les souteneurs. On se servait également des filles publiques. Vidocq était dans l'impossibilité d'agir sans tenir compte de cette situation, tout en comprenant qu'il convenait de la corriger. C'était l'avis de M. Henry, désireux d'épurer tous les services, mais il était nécessaire de n'opérer qu'avec prudence, en ne se séparant que progressivement de ces malsains éléments. « Il est des cures, remarque Vidocq avec justesse, que les médecins n'opèrent qu'en faisant usage du poison; mais, ici, le poison avait été administré à trop forte dose. Ce qui le prouve, c'est que presque tous les agents secrets de cette époque ont été arrêtés par moi en flagrant délit, et que la plupart sont encore dans les bagnes. »

Bien entendu, Vidocq eut à se défendre, et contre les inspecteurs, furieux de lui voir acquérir une situation prépondérante, et contre la tourbe des indicateurs, qui devinaient en lui un ennemi. Les dénonciations l'accusant de délits et de crimes pleuvaient sur le bureau de M. Henry et parvenaient même jusqu'à M. Pasquier. Il fut décidé que toute dénonciation le concernant lui serait immédiatement communiquée et qu'il pourrait y répondre par écrit.

C'était lui montrer quelle confiance on avait en lui. Il n'en parle qu'avec émotion et avec reconnaissance. Son zèle s'en accrut. Il travaillait avec une sorte d'enthousiasme, encouragé par son chef direct, en compagnie de qui il lui arrivait de passer des nuits entières à imaginer de nouvelles combinaisons pour venir à bout des malfaiteurs. Il en advint que le nombre des vols diminua dans des proportions impressionnantes, et que les protecteurs d'Eugène-François n'eurent qu'à se féliciter d'avoir accepté le concours dévoué qu'il leur avait offert du fond de sa prison.

L'envie, malgré tout, ne désarmait pas. Sans rien préciser, les inspecteurs prétendaient qu'il volait, ce qui leur valut une admonestation sévère de M. Henry et des remarques narquoises.

— S'il est vrai, leur dit-il, que Vidocq commette journellement des vols, c'est une raison de plus pour vous accuser d'incapacité. Il est seul, vous êtes nombreux, vous êtes instruits qu'il vole : comment se fait-il que vous ne le preniez pas sur le fait? Seul, il est parvenu à saisir en flagrant délit plusieurs de vos collègues, et vous ne pouvez pas, à vous tous, lui rendre la pareille!

Au lendemain de l'arrestation de Delvèze, dans la préparation de laquelle il avait été lâchement abandonné par les inspecteurs, Vidocq fut rendu tout à fait indépendant par le préfet de police. Les officiers de paix n'eurent plus sur lui d'autorité et l'on cessa de l'obliger à ne marcher qu'entouré d'inspecteurs. Cette liberté lui permit de redoubler d'activité. Les arrestations se multiplièrent. Voleurs, forçats évadés, recéleurs et recéleuses, prenaient en masse le chemin de la prison. Ce fut une époque calamiteuse pour ce triste monde. Les malfaiteurs croyaient voir Vidocq partout. C'était l'adversaire redoutable dont il fallait se débarrasser à tout prix. Vingt complots furent organisés contre lui. On se croyait assuré de le tenir et de l'étrangler. Il déjouait toutes les embûches et semblait se rire de ceux qui voulaient sa mort.

Cependant, si habile, audacieux, actif, que soit un homme, malgré le courage qui l'anime, et alors que nul au monde ne saurait atteindre à sa puissance de travail, il est des tâches qu'il ne peut accomplir seul. Vidocq se surmena, mais, un jour, il lui fallut s'avouer à lui-même que la besogne qui lui incombait, et qui s'accroissait sans cesse, était au-dessus de ses forces. Il envisagea la création d'un organisme dont il serait l'animateur, et il entretint M. Henry de cette idée.

— Projet excellent, dit le chef de la division de sûreté, et qui me paraît réalisable. Son application, mon cher Vidocq, donnerait les meilleurs résultats. Je suis sûr qu'il me suffirait d'en parler au préfet de police pour être autorisé à marcher, mais je commettrais une injustice à votre égard en me substituant à vous. Rédigez un Mémoire sur la question, examinez-la sous tous les rapports, faites ressortir ses avantages. Je vous autorise à adresser directement ce travail à M. Pasquier. Vous en conserverez ainsi tout le mérite.

M. Henry ne s'était pas trompé. M. Pasquier fut intéressé par le Mémoire de Vidocq; il en parla à son subordonné, fit appeler l'auteur, l'interrogea, l'écouta développer ses conceptions, fut frappé par son intelligence et la clarté de ses vues, et, finalement, adopta le projet. Lorsque Vidocq sortit du cabinet du préfet de police, il avait cessé d'être un simple agent secret. La brigade de sûreté était créée et il en avait le commandement.

Ceci se passait en 1812.

VI

On ne saurait mieux s'en rapporter qu'à son fondateur lui-même pour retracer brièvement l'histoire des premiers âges de cette fameuse brigade de sûreté, qu'on appela longtemps la « bande à

Vidocq », et qui comprenait dans ses rangs plusieurs voleurs libérés, à commencer par Coco-Lacour, qui devait y occuper plus tard la première place.

A l'origine, elle n'était composée que de quatre hommes. Cet effectif fut porté successivement à six, dix et douze agents. C'était peu. Néanmoins, avec ces douze accolytes, dans la seule année 1817, Vidocq opéra près de huit cents arrestations. Au cours des annés précédentes, sans obtenir de si remarquables résultats, il avait également bien travaillé. En 1815, de nombreux voleurs parisiens, échappés des pontons anglais, étaient revenus dans leur ville natale, où ils exerçaient leur industrie avec autant d'audace que de bonheur. En moins de deux mois, la brigade de sûreté arrêta plusieurs bandes de ces filous. La plus importante comptait vingt-huit voleurs; une autre, vingt-deux; une troisième dix-huit; diverses avaient un effectif de huit à douze coquins. Tout ce monde fut envoyé à Toulon, Rochefort ou Brest, en compagnie de quelques recéleurs.

De pareils succès démontraient amplement la valeur de l'organisation policière créée par Vidocq, et dont il devait conserver la direction pendant quinze années. La Restauration, en effet, ne l'avait point touché. Il ne devait perdre son emploi qu'en 1827, desservi auprès de M. Delaveau, le préfet de police d'alors, par son lieutenant Coco-Lacour, qui briguait sa succession.

Les services toujours plus grands rendus par la brigade de sûreté eurent pour conséquence l'augmentation de son personnel. Elle comptait vingt-huit agents en 1824.

« C'était avec un personnel si mince qu'il fallait surveiller plus de douze cents libérés des fers, de la réclusion ou des prisons, exécuter annuellement quatre à cinq cents mandats, tant du préfet que de l'autorité judiciaire; se procurer des renseignements, entreprendre des recherches et des démarches de toute espèce, faire les rondes de nuit, si multipliées et si pénibles pendant l'hiver; assister les commissaires de police dans les perquisitions ou dans l'exécution des commissions rogatoires; explorer les diverses réunions publiques, au dedans comme au dehors; se porter à la sortie des spectacles, aux boulevards, aux barrières, et dans tous les autres lieux, rendez-vous ordinaires des voleurs et des filous. Quelle activité ne devaient pas employer vingt-huit hommes pour suffire à tant de détails, sur un si vaste espace, et sur tant de points à la fois ! Mes agents avaient le talent de se multiplier, et moi, celui de faire naître et d'entretenir chez eux l'émulation du zèle et du dévouement : je leur donnai l'exemple. Point d'occasion si périlleuse où je n'aie payé de ma personne et, si les criminels les plus redoutables ont été arrêtés par mes soins, sans vouloir tirer gloire de ce que j'ai fait, je puis dire que les plus hardis ont été saisis par moi. Agent principal de la police particulière de sûreté, j'aurais pu, en ma qualité de chef, me confiner rue Sainte-Anne, en mon bureau; mais plus activement, et surtout plus utilement occupé, je n'y venais que pour donner mes instructions de la journée, pour recevoir les rapports ou pour entendre les personnes qui, ayant à se plaindre de vols, espéraient que je leur en ferais découvrir les auteurs.

« Jusqu'à l'heure de ma retraite, la police de sûreté, la seule nécessaire, celle qui devait absorber la majeure partie des fonds accordés par le budget, parce que c'est à elle principalement qu'ils sont affectés, la police de sûreté, dis-je, n'a jamais employé plus de trente hommes, ni coûté plus de cinquante mille francs par an, sur lesquels il m'en était alloué cinq. »

Avec Vidocq il faut toujours tenir compte d'une pointe d'exagération. Il aime à se vanter et donne volontiers aux faits une teinte romanesque. Il y a du gascon dans cet Arrageois, et l'aventurier perce malgré tout ici et là. Il est certain, pourtant, qu'il rendit les plus précieux services, qu'il fut pendant quinze années la terreur des malfaiteurs et qu'on ne le remplaça que difficilement. L'orgueil que l'on distingue dans le témoignage qu'il se rend à lui-même, dans les éloges qu'il prodigue à la brigade de sûreté, n'est donc pas tout à fait injustifié.

De même, il ne ment pas quand il se montre ne se rendant à son bureau de la rue Sainte-Anne que pour y donner des instructions et se jetant ensuite dans l'action. Il aurait pu dire, parodiant par anticipation une célèbre affirmation : « Vidocq opère lui-même ! »

Il opérait lui-même, en effet, et sa renommée vient précisément de ce que la réussite n'avait pas porté atteinte, comme il arrive souvent, aux ressorts de son énergie. Il agissait et ne reculait devant rien. Toute une légende s'est formée autour de son nom et, comme toutes les légendes, elle comporte sa part d'invention, mais elle n'aurait pu ni se former ni se maintenir, si Vidocq, — qu'on soit indulgent pour cette sorte de pléonasme, — n'avait pas été pour ses contemporains le personnage légendaire qu'il est resté pour nous.

VII

Oui ! Vidocq opère lui-même, et cela pour plusieurs raisons. La première est qu'il a ses conceptions, ses méthodes, tout un système, exigeant son intervention. Personne ne saurait le suppléer efficacement, et, si l'on pouvait s'en rendre compte, ce qui n'est guère possible, on constaterait sans doute qu'aussi souvent qu'il lui a fallu abandonner Paris pendant un temps pour transporter en province sa terrible activité, la brigade de sûreté a paru fléchir. Il en est l'âme. Il est aussi l'homme

qui ne craint pas les coups et sait que sa force phy-
sique ne le trahira pas. Par ailleurs, il a tant souffert
des persécutions des misérables qu'il poursuit qu'un
peu de haine personnelle le pousse. Il prend sa
revanche.

En outre, il aime son métier. C'est le policier-né,
bien plus fort que tous ceux imaginés par les romanciers contemporains, sans en excepter les meilleurs,
parce qu'il obéit à sa nature. Il est partout à la fois,
pourrait-on croire. Non pas qu'il possède le don
d'ubiquité. Il n'a rien de François-Xavier. Mais son
ressort est merveilleux. On le suppose absent, et il
est là, tombant comme la foudre. La comparaison
n'est pas exagérée, car, presque toujours, paraissant avoir été touché par le fluide, le brigand qu'il
arrête demeure muet. Avec cela, en avance de plus
d'une moitié de siècle sur Frégoli, ses transformations
sont incessantes et rapides. Il a toutes les physio-
nomies, toutes les apparences, et l'on conçoit l'intérêt qu'un Balzac a pu prendre à sa conversation.

En résumé, un homme semblable ne peut pas
rester derrière son bureau, ainsi que le fait son chef,
M. Henry, qui est un psychologue, un chercheur
de cabinet si l'on peut dire, comparant, étudiant,
échafaudant, esprit clair et minutieux à la fois, de
qui les hypothèses sont généralement exactes. Sa
mauvaise santé, du reste, les infirmités causées
par un excès de travail, l'empêcheraient d'agir
directement si sa haute fonction pouvait être

compatible avec une action personnelle. Vidocq est son bras. C'est par sa main qu'il arrête les criminels, et jamais la main ne se montre rebelle, ou seulement indifférente, aux suggestions du cerveau. L'homme de la rue Sainte-Anne n'est pas, toutefois, un simple instrument, une machine à exécuter des ordres. Il conserve un droit d'initiative. Il en use à tout instant, méritant, par les résultats qu'il obtient, la liberté que lui donnèrent des supérieurs intelligents et avisés, de ceux qui comprennent que les meilleurs serviteurs se sont pas ceux qui se bornent à obéir.

Aussi Eugène-François est-il content. Ce n'est pas sans motif que cette partie de son histoire est indiquée comme rappelant ses années heureuses. De 1812 à 1827, il est accablé de travail; il ne connaît ni le jour, ni la nuit; les plus lourdes responsabilités pèsent sur ses fortes épaules, mais il est heureux. Il parle en souriant de sa jeunesse aventureuse; il n'évoque pas sans mélancolie le souvenir des temps cruels où il fut un paria; il jouit du présent à sa manière, c'est-à-dire en se dépensant avec une ardeur toujours renouvelée, ne reculant devant aucune besogne, se pliant à tous les rôles, prodiguant les trésors d'une ingéniosité d'autant plus étonnante qu'elle n'est jamais la même.

L'avenir ne l'inquiète pas. Que pourrait-il lui arriver? Attendu qu'il existe en lui une certaine dose de suffisance et qu'il est disposé à s'admirer, peut-il supposer qu'on se séparera de lui tout à coup, qu'on lui retirera brusquement la direction de cette brigade de sûreté qui est son œuvre, quelque chose comme son enfant, son orgueil et sa gloire? Il ne prévoit pas les années nébuleuses. Elles viendront, cependant, et dureront jusqu'à sa mort.

En attendant, il s'épanouit. L'énorme popularité qui s'est attachée à son nom le ravit. Il aime à en jouir. Volontiers, il se mêle à la foule groupée devant la maison où un crime a été commis. Il écoute les propos, il scrute les visages, il sait que les meurtriers sont peut-être là et qu'un mot, un mouvement, un regard, pourra les dénoncer. C'est son métier qu'il fait. Mais son cœur se dilate, son enfantine vanité s'exalte, tandis qu'il prête une oreille attentive aux racontars des uns et des autres sur ce fameux Vidocq qui, une fois de plus, va montrer son extraordinaire adresse en démasquant et arrêtant les assassins. C'est un déluge de sottises grotesques ou plaisantes.

— Vidocq? C'est un petit moricaud qui n'a pas cinq pieds!

— Jamais de la vie! C'est un grand sec qui n'en finit pas!

— Il paraît qu'il tire la savate comme un ange!

— Il a toujours des souliers avec de gros clous. Quand il veut arrêter un homme, il lui serre la main mais, en même temps, il lui enlève toute la peau de l'os de la jambe.

— C'est sûr qu'il a été condamné à cent un ans de galères !

— C'est un scélérat couvert de crimes. On aurait dû le guillotiner vingt fois. Mais on a mieux aimé lui faire grâce de la vie.

— C'est vrai ! Mais le commissaire de mon quartier, que je connais, m'a dit qu'il était obligé de porter un anneau de fer à la jambe, vu qu'il est toujours forçat.

— Ça ne ferait rien, s'il n'arrêtait que des bandits. Malheureusement on ne l'a tiré du bagne que parce qu'il s'est engagé à livrer cent individus par mois. Coupables ou non, il faut qu'il les trouve !

— C'est abominable !

Dans ses Mémoires, Vidocq remplit des pages de ces stupidités, qu'il se plaît probablement à amplifier, bien que la niaiserie des badauds, parmi le peuple le plus spirituel du monde, soit incommensurable. Il s'en amuse, il en rit, il prend un plaisir énorme à les reproduire. Il y voit la preuve de sa célébrité, de son espèce de prestige. Encore une fois, c'est le côté puéril de son esprit. Faut-il le lui reprocher ? N'est-ce pas là ce qui le rend divertissant ? Ne serait-il pas moins original s'il ne gardait pas cette humeur jusque dans les minutes les plus graves ? Elle le sert dans la plupart des circonstances. Il plaisante alors qu'il va jouer sa vie, et, s'il plaisante, ce n'est pas seulement pour rire, pour goguenarder, comme on l'a vu faire avec Gueuvive, mais parce que cela aussi est un de ses moyens et appartient à son système. Il en advient que le criminel, déconcerté, perd sa présence d'esprit.

Voyez la scène qui se déroule entre lui et Gérard Pons, contrebandier, voleur, assassin, qu'il va chercher jusqu'à la Capelle. Ce Pons a été dénoncé par deux de ses complices, arrêtés eux-mêmes par Vidocq à la suite d'une tentative de meurtre sur un boucher de Corbeil. C'est un individu des plus dangereux, la terreur de son pays. Il n'hésiterait pas à tuer le premier qui tenterait de lui mettre la main au collet. Le chef de la brigade de sûreté le sait, mais cette considération n'est pas pour l'épouvanter. Se faisant accompagner de deux agents, qu'il dit être ses fils, il rejoint Pons et se présente à lui comme un ami de Raoul et de Court, les assassins du boucher, et chargé par eux d'une commission urgente pour leur camarade.

Une allusion à un crime commis à Avesnes par le trio achève d'endormir la méfiance de Gérard Pons, et les quatre hommes entrent boire dans un cabaret d'Hirson. Là, Vidocq, avec le plus grand mystère, annonce au bandit que ses deux amis et lui-même ont été arrêtés, mais qu'on l'a relâché, et que les autres lui ont demandé de prévenir Pons au plus vite, parce que son nom a été prononcé par des policiers.

Il faut, ici, suivre le récit d'Eugène-François.

« — Qui donc vous a arrêtés? me demanda Pons, qui paraissait consterné de l'événement.

« — C'est Vidocq!

« — Oh! le gredin! Mais qu'est-ce que c'est donc que ce Vidocq, qui fait tant parler de lui? Je n'ai jamais pu le voir en face, mais je paierais volontiers quelques bouteilles de bon vin à celui qui me le montrerait!

« — Il n'est pas difficile de le rencontrer, puisqu'il est toujours par voies et par chemins.

« — Qu'il ne tombe pas sous ma coupe! S'il était ici, je lui ferais passer un mauvais quart d'heure.

« — Tu es comme les autres. S'il était là, tu te tiendrais coi, et tu serais encore le premier à lui offrir un coup à boire.

« En disant ces mots, je tendais mon verre et il versait.

« — Moi!... Je lui offrirais plutôt de la....

« — Tu lui offrirais un coup à boire, te dis-je!

« — Allons donc!... Plutôt mourir!

« — En ce cas, tu peux mourir quand tu voudras! C'est moi, Vidocq! Et je t'arrête!

« — Quoi! Quoi! Comment!

« — Oui, je t'arrête! Et, approchant ma face contre la sienne : Je te dis que tu es servi, et que si tu bronches je te mange le nez! Clément, mettez les menottes à monsieur! »

Quelle joie, quelle satisfaction, quelle complaisance envers soi-même on sent à chaque ligne de ce petit récit! Et à quel point Vidocq est enchanté de pouvoir ajouter que le terrible Pons ne reprit la parole qu'au bout d'une vingtaine de minutes.

Tout n'était pas aussi aisé, aussi rapide. Durant plusieurs semaines, déguisé en colporteur, couchant dans les granges, bavardant avec les fermiers, s'arrêtant dans les cabarets, cheminant avec les rouliers, Vidocq battit le Pas-de-Calais et le Nord, à la recherche de chauffeurs qui renouvelaient les sanglants exploits des Salambier, des Lemaire et des Moneuse. A lui seul, il découvrit toute la bande. Une autre fois, c'est en se faisant emprisonner, comme soldat allemand déserteur et voleur, qu'il parvient à gagner l'amitié d'un sacristain qui s'était emparé d'une boîte contenant des diamants d'une valeur d'un demi-million, appartenant à M. Sénard, l'un des plus riches bijoutiers du Palais-Royal.

Nulle histoire ne saurait être plus drôle. Aucune ne montre aussi bien la ténacité de Vidocq, sa patience, son adressse. Il n'y avait que des présomptions contre Moisselet — ainsi se nommait le sacristain de Livry, — lequel affirmait que les économies de son curé et les diamants de M.Sénard, enterrés par ses soins, de peur des Cosaques, avaient été découverts et emportés par ces derniers. Le curé de Livry ne croyait point à la culpabilité de son sonneur de cloches; le bijoutier était plus sceptique; la police partageait ce scepticisme. On avait arrêté le voleur présumé, qui niait énergiquement. Vidocq se fit enfermer avec lui, capta sa confiance, lui donna à entendre qu'il avait caché une forte somme qu'il irait reprendre à sa sortie de prison, lui proposa de la partager avec lui, s'il voulait l'accompagner dans la fuite qu'il méditait. Tant et si bien que le sacristain, ébloui, persuadé, tomba d'accord avec le faux soldat allemand, le suivit dans son évasion et le conduisit vers un bouleau du bois de Vaujours, au pied duquel il avait enterré l'argent du curé et les pierres précieuses de M. Sénard. La joie qu'il éprouva, en retrouvant le tout, se changea d'un seul coup en désespoir, lorsque son compagnon, cessant de baragouiner un français ahurissant, lui passa prestement les menottes, en lui apprenant qu'il était Vidocq et qu'il l'arrêtait. Cette histoire valut au sacristain six mois de prison, et cinq mille francs de gratification au policier, lequel n'en fut que médiocrement satisfait, attendu que le bijoutier avait commencé par annoncer qu'il donnerait de bon cœur cinquante mille francs à celui qui le remettrait en possession de ses diamants.

C'est de la sorte, il faut le répéter, que Vidocq opérait lui-même. Par son exemple, il stimulait ses agents, et ceci explique pourquoi, malgré son minime effectif, la brigade de sûreté, dès ses débuts, parvint à purger Paris d'un nombre considérable de malfaiteurs.

VIII

Vidocq avait été nommé chef de la nouvelle organisation en 1812. Les événements de 1814 et de 1815
ne le touchèrent pas. M. d'Anglès, préfet de police
de la Restauration, le maintint dans ses fonctions
et n'eut pas à le regretter. Sans doute avait-il été
instruit des mérites de l'extraordinaire policier
par M. Henry, qui était un de ces fonctionnaires
insensibles aux fluctuations politiques, aux boule-
versements des régimes, ne connaissant et ne voulant connaître que leur devoir. Celui de M. Henry
était de combattre les malfaiteurs. Le mode de
gouvernement lui importait peu. Sous les Bour-
bons, de même que sous Napoléon, il fallait faire
la chasse aux voleurs. Un homme de ce caractère
est presque toujours respecté et apprécié par les
nouveaux pouvoirs. On l'écoute. M. d'Anglès avait
écouté M. Henry lui recommandant Vidocq.

En 1827, M. Delaveau, préfet de police, en jugea
autrement. Il destitua Vidocq et lui donna Coco-
Lacour pour successeur, sans qu'on sache exactement pourquoi. Si l'on doit en croire la victime,
M. Delaveau, d'une piété extrême, avait été conquis
par les momeries dudit Coco, qui ne manquait
jamais de se rendre aux offices religieux auxquels
le préfet assistait. Tant de zèle devait produire

son effet sur le haut fonctionnaire, mais il est à supposer que le genre de vie de Vidocq ne fut pas étranger à sa disgrâce.

Ce diable d'homme qui, à près de quatre-vingts ans, cherchait à se remarier avec une jeune femme, laissant entendre qu'il conservait encore de la verdeur, ne se piquait pas de rigorisme. S'il aimait Annette, il ne lui paraissait pas criminel de porter ailleurs ses assiduités. Qu'on se souvienne de ses trahisons envers la pauvre Francine, qui lui était si dévouée. Il appartenait à la race de ces hommes dont on dit qu'ils ne sauraient voir passer un jupon sans courir derrière lui. Il se servait volontiers des femmes pour atteindre les hommes. On ne l'ignorait pas. D'autre part, on continuait à l'accuser de provocation, et de préparer lui-même les mauvais coups. Calomnie, sans doute, mais qu'il était facile d'étayer par des apparences. Quoi qu'il en soit, il dut abandonner ses fonctions. Il en éprouva autant de chagrin que d'irritation. On en trouve la preuve dans ses Mémoires, où, à certaines pages, il se répand en récriminations menaçantes. Il se sentait d'autant plus libre pour parler que des lettres de grâce étaient intervenues en sa faveur et qu'il n'avait plus rien à redouter du passé.

Toutefois, ceci ne fut qu'une tempête dans un verre d'eau. La prudence l'emporta sur la colère. Peut-être comprit-il lui-même, ou lui fit-on comprendre que rien n'est irréparable et que le lende-

13

main peut effacer les rigueurs de la veille. En atten.
dant, il fonda une fabrique de papier à Saint-Mandé-
Il voulait créer un papier avec lequel il serait impossible de commettre des faux. Que valait son procédé? Pas grand'chose, probablement, car l'affaire
ne donna que des résultats désastreux. Il faut noter
que Vidocq, convaincu qu'il n'est point de chute
dont on ne puisse se relever, avait composé son
personnel avec des voleurs libérés. Ne serait-ce
pas là ce qui inspira, il y a une quarantaine d'années environ, une comédie autour de laquelle s'engagèrent des discussions ardentes, et dont le personnage principal se nommait Chamillac? Cela
se peut. En revanche, ce qui est certain, c'est que
Vidocq ne fut que médiocrement satisfait de son
initiative philantrophique et qu'il envisagea, au
lendemain de la Révolution de Juillet, la possibilité de reconquérir la situation perdue.

On a assuré qu'il fit alors de la police politique,
qu'il fut envoyé à Londres à plusieurs reprises, et
même, ce qu'on a peine à croire, qu'il eut des entre-
tiens particuliers avec Louis-Philippe, qu'il aurait
revu en Angleterre après 1848. Tout ceci est confus,
et Vidocq s'est défendu avec une âpreté singulière,
d'avoir appartenu à la police politique. Il l'a même
flétrie avec une énergie voisine de la violence,
ne voulant avoir été qu'un chasseur de criminels.
Pourtant, Barthélemy Maurice, chroniqueur judiciaire, qui publia une intéressante vie de Vidocq en

1858, prétend le contraire. Il raconte même une très amusante histoire, qui se place avant la destitution de 1827.

D'après lui, M. Delaveau, désireux de connaître les noms des personnes qui devaient assister à un grand dîner, offert par le baron Méchin, tourné depuis peu au libéralisme, aurait fait venir Vidocq et l'aurait chargé de se procurer la liste des convives. Ce n'était pas chose commode, mais comment refuser? Eugène-François devait bien sentir qu'il n'était pas en odeur de sainteté auprès du préfet de police. Mécontenter ce dernier, c'était en quelque sorte signer soi-même son congé.

L'enfance de l'art était d'interroger les domestiques du baron. Tous étaient muets. Vidocq tenta d'obtenir du chef de cuisine de servir à table, comme valet supplémentaire. Il échoua. Mais son bonheur coutumier se retrouva enfin. Il apprit, en causant chez un cabaretier du quartier avec un valet de chambre de M. Méchin, que ce dernier possédait un perroquet dont il était fou, au point que l'on disait qu'il eût mieux aimé perdre la baronne que l'oiseau. Bonne affaire! Vidocq promet cinq cents francs au valet, s'il laisse choir le perroquet dans la rue, une heure avant le repas. Une petite balle de plomb, attachée sous l'aile, empêchera l'animal de voler trop loin. Marché conclu. Le perroquet tombe au dehors et voici le baron Méchin au désespoir. Mais un honnête provincial, engoncé dans une invraisemblable redingote, se présente, porteur du volatile. Électeur du baron, et de passage à Paris, il était venu dans l'intention de lui présenter ses respects, et son bonheur est immense d'avoir pu approcher un homme aussi éminent, espoir du libéralisme, et d'avoir eu la chance de lui rapporter un si bel oiseau, un oiseau magnifique, n'ayant certainement pas son pareil au monde. De quelle façon montrer sa gratitude à un électeur peut-être influent, et qui est le sauveur de Jacquot? Le baron n'hésite pas. Il invite son visiteur à dîner et, le lendemain matin, M. Delaveau avait sous les yeux la liste des personnes présentes.

Que vaut l'histoire? Elle pourrait bien avoir été inventée par un chroniqueur doublé d'un mystificateur. On a tant prêté à Vidocq qu'une fantaisie de plus ou de moins ne saurait nous étonner. Ce qu'il faut répéter, c'est qu'il a flétri la police politique avec une extrême vigueur. Faute de preuves contraires, on doit accepter ses protestations. Ce qui peut même donner à penser qu'elles sont sincères, c'est que les qualités d'un policier politique n'ont rien de compatible avec celles d'un policier chargé de poursuivre les criminels. Le jeu de Vidocq était trop gros, trop brutal, pour qu'il pût tenir avec succès un emploi qui exige surtout de la finesse et de la délicatesse de touche.

En 1831, le préfet de police était M. Gisquet, homme énergique, parfois excessif et sans mesure, à qui l'on avait confié cette haute fonction parce que la criminalité augmentait à Paris dans des pro·portions inquiétantes. M. Guizot indique, au cours de ses Mémoires, que l'on attendait beaucoup de M. Gisquet, qui avait poursuivi une belle carrière à force de travail et de volonté. Petit commis, à seize ans, chez les Périer, il avait manifesté de telles aptitudes qu'en moins de douze années il était parvenu jusqu'à l'association. En 1825, il avait fondé une banque, puis il s'était lancé avec succès dans l'industrie du sucre et le commerce des huiles. Son intelligente activité s'appliquait aux choses les plus diverses, et la politique elle-même l'intéressait. De même que les Périer, il appar·tenait à l'opposition, et le gouvernement de Juillet devait nécessairement faire appel à son concours.

Il est intéressant de rappeler en quelques lignes ce que fut la vie politique de cet homme rude, dur, despotique, à qui Vidocq devait se heurter. Préfet de police de 1831 à 1836, il rendit de précieux services à la population parisienne par les soins qu'il donna à l'hygiène, à la sûreté publique, au bon ordre, etc. Le courage qu'il déploya lors du choléra qui fit tant de victimes, lui valut une popularité méritée, qu'il ne tarda pas à perdre, à la suite de l'émeute de 1832, parce qu'il voulut contraindre les chirurgiens, les médecins, les particuliers, à dé-noncer les blessés qu'ils avaient soignés. Ces pré-tentions furent considérées comme odieuses et

M. Gisquet ne parvint jamais à se les faire pardon·
ner.

Quelques années plus tard, un gros scandale éclata autour de son nom. Il fut accusé par un journal d'opposition, qui s'appelait le *Messager*, d'avoir prélevé des bénéfices scandaleux dans une affaire de fusils que le Gouvernement l'avait chargé de négocier en Angleterre. L'histoire fit un bruit énorme. Elle est restée fameuse sous le nom des *Fusils Gisquet*. L'accusé ne pouvait rester indifférent devant une accusation pareille. Il poursuivit donc le journal, mais celui-ci ne fut condamné qu'à vingt sous d'amende. Peu après, M. Gisquet, qui était alors conseiller d'État, fut destitué.

Il ne sortit plus de la vie privée, se consolant de ses mécomptes en faisant des chansons. En effet, par un contraste bizarre, cet homme sec, hargneux, que l'on n'approchait qu'avec crainte et dont il fallait toujours redouter un coup de boutoir, rimait des couplets bachiques et célébrait le charme de Margoton. Il faisait mieux. Membre du Caveau, il chantait lui-même ses chansons à ses joyeux confrères et sa gaîté obtenait auprès d'eux le plus vif succès.

Lors de son entrée à la préfecture de police, il n'avait pas envie de rire. Les voleurs et les assassins traitaient Paris en pays conquis. Tous les jours, on enregistrait un nouveau méfait. Appartements cambriolés, vols audacieux, attaques nocturnes, meurtres, c'était une suite non interrompue de graves délits et de crimes. On avait pensé que M. Gisquet seul, avec sa forte poigne, au service d'une volonté tenace, serait capable de mettre un frein à la fureur de ce flot criminel. Il en avait la ferme intention, mais encore lui fallait-il posséder les instruments nécessaires, une police dévouée, active et courageuse. Or, les rouages s'étaient relâchés, la brigade de sûreté ne rendait plus, les anciens errements reprenaient le dessus. Il était évident que la tête manquait. Les ouvriers pouvaient encore être bons, mais il fallait un chef, un directeur. Où le prendre?

Le préfet ne pensait pas à Vidocq, non pas que celui-ci fût oublié, mais parce que la calomnie s'était attachée à son souvenir. A cette époque, du reste, M. Gisquet avait déjà envisagé la réforme de la police. Il la voulait honnête. Il comprenait bien que l'on ne pourra pas renoncer tout à fait à certains concours, et qu'il est des cas où il est indispensable d'utiliser de malpropres outils, quitte à prendre des gants pour s'en servir, mais il estimait qu'une épuration du service actif n'était pas impossible. Logiquement, il devait donc éprouver de la répugnance à rappeler un homme de qui les procédés concordaient si peu avec ceux qu'il aurait voulu introduire dans son administration.

Que faire? Il cherchait et ne trouvait pas. Allait-il donc se montrer au-dessous de la tâche qu'on lui

avait demandé d'accepter, parce que l'on avait
confiance en lui? Devait-il abandonner la préfecture de police, retraite qui serait un aveu d'impuis-
sance? Il se sentait envié, jalousé, il ne se dissimu-
lait pas que des compétitions s'agitaient dans l'ombre; il avait des ennemis, et, dans les petits journaux, si puissants sur l'opinion, dans les salons,
dans les cafés, on commençait à se moquer de ce
terrible M. Gisquet, qui devait terrasser le mal, et à
qui les bandits faisaient la nique.

Sur ces entrefaites, un vol retentissant eut lieu
et, comme de coutume, la police ne découvrit rien.
Cela tournait au scandale. Personne n'osait aborder
le préfet, qui ne décolérait pas et menaçait tout
le monde, ce qui ne faisait pas arrêter les voleurs.
On doit bien penser qu'il y avait, dans la coulisse,
un spectateur qui ne perdait pas une scène, pas un
mot, de la comédie. C'était Vidocq. Depuis longtemps, il attendait son heure. Cette histoire lui fit
comprendre qu'elle était arrivée. Il demanda une
audience à M. Gisquet. Il est probable qu'à tout
autre moment cette audience lui eût été refusée,
mais le préfet était alors dans la situation de quelqu'un en train de se noyer et qui se raccroche à
toutes les branches. Il serait exagéré d'écrire qu'Eugène-François lui apparut sous les traits d'un ange
sauveur, mais le fait est qu'il dompta son humeur
rogue pour le recevoir et l'écouter.

Que lui voulait l'ancien chef de la brigade de

sûreté? Il l'apprit vite. Vidocq n'aimait pas à changer de méthode. Pour en avoir fait l'épreuve des centaines de fois, il savait que l'*esbrouffe* avait fait toucher les épaules à plus d'un bandit. Ce fut par elle qu'il mit à terre, en dix minutes, le préfet de police. Sans s'attarder à des préambules, allant droit au but, il lui déclara qu'il était mal servi, qu'on le trahissait, que les agents étaient, les uns des sots, les autres des complices des voleurs, que leur maladresse était voulue et que, par crainte des coups, ils laissaient en paix les criminels dangereux, qui seraient tous au bagne si lui, Vidocq, n'avait pas été sacrifié à de misérables rancunes.

Quant au vol dont tout le monde parlait et qui, il en convenait, avait été exécuté avec autant d'adresse que d'audace, rien n'était plus aisé que de mettre la main sur les bandits qui l'avaient commis. Est-ce que tous les gredins n'ont pas leur marque de fabrique, qui doit les dénoncer aux yeux d'un policier connaissant bien son métier? Sous les regards de Gisquet, attentif et déja conquis, Vidocq démonta l'affaire, en montra les combinaisons, indiqua les signes qui permettaient de parvenir aux coupables et acheva son discours en nommant ceux-ci.

Le préfet de police n'en croyait pas ses oreilles. Il en abandonnait sa rudesse, son ton grincheux, ses manières distantes. L'étonnante faconde d'Eugène-François l'avait étourdi. Pourtant, il conservait quelques doutes. Ce Vidocq ne cherchait-il pas à lui en imposer? C'était possible. Il était facile de s'en assurer. Il n'y avait qu'à suivre ses indications. Que risquait-on? En cas d'insuccès, ce ne serait qu'un échec de plus. Si, au contraire, l'ancien chef de la brigade de sûreté avait dit vrai, on verrait. Il n'y aurait alors aucune raison pour ne pas lui rendre l'emploi qui lui avait été retiré en 1827 par M. Delaveau.

IX

Vidocq avait dit vrai. Si hâbleur qu'il fût à ses heures, il n'était pas gaillard à venir raconter un roman à M. Gisquet, avec qui il ne fallait pas badiner et qui aurait pris du mauvais côté une mystification. Les voleurs furent mis à l'ombre, convaincus, et les rieurs se tournèrent du côté du préfet le police. Celui-ci était peut-être susceptible de reconnaissance. Tout au moins devait-il écouter les conseils de son intérêt. En conséquence, il replaça Vidocq à la direction de la brigade de sûreté.

Le revenant se crut installé pour toujours dans ce poste qu'il aimait tant, mais qu'il était destiné à reperdre bientôt. Ses ennemis étaient toujours aux aguets. Loin de les désarmer, la revanche qu'il venait d'obtenir ne pouvait que redoubler leur hostilité. Tous travaillaient contre lui, n'attendant qu'une occasion pour lui faire faire une seconde culbute, de laquelle il ne se relèverait pas. On peut admettre aussi que la différence de caractère qui existait entre Vidocq et M. Gisquet n'était pas de nature à empêcher un heurt destiné à être fatal pour le plus faible des deux. Le chef de la sûreté tenait à ses conceptions, et le préfet n'était pas d'humeur à abandonner les siennes. Il est également certain que le populacier Vidocq devait déplaire souverainement à ce supérieur ne se départissant pas d'une correction glaciale. Enfin, en quatre années, il se passe bien des choses. Le système de Vidocq, déjà vieilli en 1827, percé à jour par les malfaiteurs, était périmé en 1832. Il ne donnait presque plus rien. Un an ne s'était pas écoulé que M. Gisquet lui enlevait sa fonction.

En arrangeant quelque peu les faits, le préfet de police du gouvernement de Louis-Philippe a raconté cette histoire dans ses Mémoires, et ce qu'il en dit est à citer.

« Un homme dit-il, le sieur Vidocq, qui avait acquis une sorte de célébrité sous la Restauration, fut le créateur de la brigade de sûreté. Vidocq, dans les entraves de ses anciennes liaisons, ne s'entoura guère que d'hommes flétris par la justice. Il choisissait lui-même ses agents, fixait arbitrairement leurs salaires et était toujours l'intermédiaire entre eux et l'Administration pour la remise des fonds destinés au paiement de leurs honoraires.

« La répugnance bien naturelle que les préfets, et même les employés supérieurs, éprouvaient à être en contact avec les hommes de cette brigade et à s'initier aux détails de leurs occupations, laissait une direction presque absolue et sans contrôle au chef qui la commandait.

« Vidocq est un homme doué d'intelligence et de caractère, seulement un peu tourmenté du besoin de faire parler de lui. Je passerai sous silence les services qu'il a pu rendre, puisqu'il appartient à une autre époque; mais il n'est pas superflu de dire qu'après l'avoir employé pendant quelques mois, j'ai reconnu que son habileté n'était pas ou n'était plus à la hauteur de sa réputation.

« C'est surtout dans cette branche qu'il faut varier et renouveler souvent les moyens de découvrir les coupables. Vidocq avait sans doute usé toutes les ressources de son imagination, car, après avoir obtenu de ma confiance la direction de la brigade, il resta dans l'ornière de ses anciennes habitudes, de ses ruses qui n'étaient pas toujours avouables, et qui, mises tant de fois en usage, ne pouvaient plus avoir de chances de succès.

« Quoi qu'il en soit, Vidocq, m'ayant été adressé par M. de Bondy, au commencement de 1832, profita de l'audience que je lui accordai pour faire ressortir l'inhabileté des agents de la sûreté alors en fonctions, et pour mettre en relief sa supériorité. J'avais été tellement peu satisfait de la manière

dont se faisait ce service que, comptant sur les amé-
liorations promises par Vidocq, je lui rendis, deux
ou trois mois après, le poste qu'il avait occupé.

« Mais il reprit avec lui les débris de son premier
entourage, et l'expérience d'un trimestre suffit
pour me faire reconnaître tous les inconvénients
d'attacher de tels auxiliaires à la préfecture.

« Dans le courant de septembre 1832, un procès
criminel eut lieu pour un vol commis à la barrière
de Fontainebleau le 23 mars précédent. Trois accu-
sés, savoir : Lenoir, Moureau et Clocquemin furent
condamnés à vingt ans de travaux forcés; deux
autres, Lequin et Deplantes, à cinq années de réclusion, et enfin, le nommé Léger, devenu, depuis
l'exécution du vol, agent de Vidocq, à deux années
de prison pour complicité.

« Cette affaire, dans laquelle je vis que Vidocq
continuait à mettre en œuvre des repris de justice,
et qu'il procédait quelquefois par des moyens auxquels on pouvait reprocher un certain caractère
de provocation, me décida à le révoquer et à renvoyer les agents impurs dont il se servait.

« Jusque-là, on pensait généralement qu'on ne
pouvait faire la police des voleurs qu'avec des voleurs. Je voulus essayer de la faire faire par des
gens honnêtes, et les résultats ont prouvé que
j'avais raison.

« Cette réforme était devenue nécessaire pour
établir une moralité désirable dans toutes les bran-

ches de l'Administration. Je n'ai pas voulu que l'autorité restât exposée plus longtemps à se voir représentée par des hommes qui, frappés d'une condamnation antérieure, ne pouvaient plus être entendus sous la foi du serment.

« J'organisai donc la brigade de sûreté sur des bases nouvelles. J'ordonnai le renvoi immédiat de tout employé déjà atteint par un jugement quelconque, et décidai qu'à l'avenir on n'admettrait, au nombre des agents ostensibles, que des hommes d'une excellente conduite. »

Vidocq était parvenu à la fin de la troisième partie de son existence mouvementée. Les années heureuses étaient terminées. Il allait entrer dans une phase obscure, imprécise, mal définie, que l'on pourrait nommer celle des années nébuleuses, long crépuscule précédant la nuit.

QUATRIÈME PARTIE

LES ANNÉES NÉBULEUSES

______

I

Les journaux de 1857 annoncèrent la mort d'Eugène-François Vidocq, créateur de la brigade de sûreté, et plusieurs d'entre eux publièrent un portrait de lui remontant à une vingtaine d'années en arrière.

Ce portrait était celui d'un homme jovial, bon enfant, aux traits plus malins que fins, l'œil amusé, un sourire gouailleur aux lèvres, dans l'ensemble quelque chose de familier, mais sans vulgarité. On se l'imaginait très bien au temps de sa jeunesse, un peu casseur d'assiettes, pas méchant, mais mauvaise tête, toujours prêt à courir une nouvelle aventure, vite en bataille, sans rancune, le cœur sur la main, un de ces mauvais sujets dont il a dit que les femmes avaient un faible pour eux.

Il en était la preuve vivante. Ses petits romans et ses passades ne sauraient être dénombrés. A vrai dire, il ne se piquait pas de recherche dans ses choix et son éclectisme était rarement de bon goût. La noble dame de Bruxelles, qui avait failli l'épouser, fut probablement la plus élevée de ses conquêtes, car, en dépit de la particule qu'elle tenait de son mari, Annette était au niveau de son amant. Sans quoi elle ne se serait pas associée à ses œuvres policières.

La mort de Vidocq donna lieu à un certain nombre d'articles, de chroniques, de récits anecdotiques, mais il y avait si longtemps qu'il avait quitté la scène qu'on cessa presque aussitôt de parler de lui et qu'on prit à peine le temps de rechercher ce qu'il était devenu depuis le jour où M. Gisquet l'avait révoqué. En fait, il avait vécu plutôt mal que bien, abattu par cette trahison de la fortune, convaincu que l'on avait commis envers lui une grande injustice, critiquant avec amertume ce qui se faisait, ne ménageant pas ses successeurs et ne se gênant pas pour émettre l'avis qu'on ne le remplacerait jamais, car ce n'est pas remplacer un homme que de faire asseoir quelqu'un sur le siège qu'on l'a contraint à abandonner. Il traînait partout ses regrets et sa rancœur, en restant Vidocq, c'est-à-dire orgueilleux et naïf, puérilement vaniteux, affirmant à tout propos sa supériorité, un peu encombrant, un peu gênant, mais brave homme à sa manière. Quand il mourut, il y avait des années qu'il n'était plus de son temps.

Ce qui réjouissait son cœur, c'était que si l'on oubliait le vivant, on se souvenait du mort. Pour une foule de gens, en effet, il y avait au moins un quart de siècle qu'il avait cessé d'exister. C'était de ce fameux décédé que l'on se plaisait à raconter les étonnants exploits. A mesure qu'il avançait en âge, il se voyait devenir de plus en plus légendaire. Or, les légendes, d'ordinaire, ne s'appliquent qu'à ceux qui dorment au cimetière. De telle sorte qu'il n'eût pas été surprenant de voir ceux à qui il affir-mait être Vidocq lui rire au nez en le traitant de mauvais plaisant.

Pourtant, c'était réellement Vidocq, toujours alerte, admirablement bien portant, paraissant défier les années, l'esprit en éveil, respecté par les infirmités. De lui aussi on aurait pu dire qu'il était une force de la nature. Il gardait son énergie, sa volonté de vaincre le mauvais sort, et l'espoir qu'on se souviendrait de lui, qu'on ne le laisserait pas éternellement de côté.

Fut-il employé à de secrètes missions sous le gouvernement de Louis-Philippe, après le départ de M. Gisquet? C'est sur quoi on n'a aucune lumière. On a raconté qu'appliquant sous une forme nouvelle le système de provocation dont il assura n'avoir jamais usé, il joua un rôle suspect dans la plupart des émeutes et des échauffourées qui se succédèrent sans interruption sous la bourgeoise monarchie de Juillet. Il aurait dirigé des bandes, contribué à construire des barricades, et serait parvenu à se glisser dans les sociétés secrètes qui pullulaient à cette époque. Il s'est élevé avec indignation contre ces imputations, sur lesquelles il est, naturellement, impossible de se prononcer avec certitude.

De même, on ne peut pas savoir s'il est exact qu'il se soit adressé à Lamartine, en 1848, pour lui offrir des services qui n'auraient point été agréés. Encore une fois, à dater de 1832, l'existence de Vidocq est mal connue, mal définie. Par la force des choses, il est retombé à son rang d'aventurier, au moins dans la recherche d'une autre carrière. Sous ses pas, le sol a cessé d'être solide. Il le deviendra de moins en moins aux approches de la vieillesse, qui sera pauvre, presque misérable, alourdie par la tristesse, assombrie par la mélancolie.

II

Chassé de ses fonctions, contraint de quitter la police, industriel malheureux, que pouvait faire Vidocq, au lendemain de la catastrophe qui l'atteignait?

La pensée devait se présenter à lui d'utiliser sa réputation, l'adresse sans égale qu'on lui supposait, pour tenter une entreprise de police privée. Dans une foule de cas, et notamment lorsqu'il s'agit d'un secret de famille, d'un scandale intime, d'une affaire touchant à l'honneur, on ne s'adresse pas au commissaire de police, ce qui, bien des fois, serait le plus sage. On s'en va, avec mystère, frapper à la porte d'une agence, et il en advient fréquemment que le scandale que l'on aurait voulu éviter n'en est que plus tapageur, si même il ne prend pas des proportions tragiques. Il parut donc à Vidocq que la création d'une semblable officine serait une excellente opération, qui lui vaudrait de gros profits, et comme chez lui l'exécution suivait de près la conception, il eut vite fait d'installer ses bureaux.

On pourrait découvrir, parmi les articles qui parurent en 1857, à l'occasion de sa mort, un assez piquant récit publié dans le *Figaro* par Léo Lespès, destiné à devenir, quelques années après, le populaire Timothée Trimm du *Petit Journal*. Le chroniqueur, avec cette absence de style qui le caractérisait et cette fantaisie d'un ton lâché que l'on considérait alors comme très amusante, racontait dans quelles conditions, cherchant un emploi, il avait fait la connaissance du célèbre Vidocq.

« Il vient de mourir à Paris, disait-il, un homme dont, à dix ans de distance, on annonce périodiquement le trépas.

« Est-il bien mort, cette fois-ci? N'est-ce pas

plutôt une réclame faite dans le but de le rappeler au souvenir de ses anciens commettants?...

« J'ai vécu par hasard et pendant quinze jours dans l'intimité de cet homme, dont j'ignorais même le nom. En 1836, à ma sortie du service militaire, arrivant, comme Fanchon la Vielleuse, dans la capitale du monde civilisé, avec trente sous et des espérances, je lus sur les murs une affiche ainsi conçue : « On demande, rue Neuve-Saint-Eustache, « n° 10, au bureau des Renseignements Commer- « ciaux, un secrétaire rédacteur. »

« Je courus aussitôt pour solliciter l'emploi va- cant; je me trouvai en face d'un homme trapu à l'œil bleu, aux lèvres évasées, aux cheveux mul- tiples et grisonnants; il déjeunait dans un service de vermeil et jetait des brioches entières à un boule- dogue couché à ses pieds...

« — Monsieur, me dit-il, en me fixant comme un gendarme qui va demander un passe-port, écrivez- vous bien à la dictée?

« — Je le crois ! répondis-je modestement.

« Alors, me tendant une main de papier, il arti- cula les phrases suivantes pour juger de mon ortho- graphe :

« Le sujet est enclin à la débauche; mais, roué « et plein d'astuce, il se sert parfois d'une canne « plombée et d'un faux nez. Lui appliquer d'abord « le coup de sac, puis successivement l'orgue de « barbarie et le feu de cheminée. »

« Je demeurai fort intrigué par le sens mystique de cette communication ; quant au maître, ayant trouvé que je mettais suffisamment les participes, il ne me demanda ni mon nom, ni mon état civil, ni attestation de moralité, ni certificat de vaccine, et m'installa triomphalement dans son bureau. »

Le journaliste exagérait. Il se croyait encore à ce fameux journal l'*Audience*, aux nouvelles ahurissantes, qui avait lancé dans Paris la macabre histoire de la riche jeune fille à la tête de mort, et où lui-même écrivait un roman intitulé la *Femme aux yeux verts de la Morgue*, sous la signature du « lugubre commandeur Léo Lespès ». On peut admettre Vidocq déjeunant dans un service de vermeil et jetant des brioches entières à son chien. C'est assez lui. Mais on ne voit pas ce policier malin, avisé, méfiant, ayant le plus grand intérêt à connaître son personnel, et ne devant accepter un employé qu'à bon escient, installant « triomphalement dans son bureau » un jeune homme dont il ne savait même pas le nom ! Les lecteurs de 1857 étaient de bonne composition. Ceux d'aujourd'hui écriraient au journal pour lui demander qu'on voulût bien ne pas se moquer d'eux, ajoutant qu'en cas de récidive ils ne continueraient pas leur abonnement.

L'article se poursuivait par la reproduction des notes fantaisistes que Vidocq, d'après Léo Lespès, envoyait aux maris qui cherchaient à s'assurer des infidélités de leurs femmes, et aux femmes qui voulaient faire prendre leurs maris en flagrant délit. Il est certain que lorsque l'on fait de la police privée, même si l'on ne trouve rien, il faut paraître avoir trouvé quelque chose, si l'on veut conserver la clientèle, mais ce n'était là que de la plaisanterie, peu dangereuse pour son auteur, puisque Vidocq n'était plus en état de protester.

La fin de la chronique valait mieux que le commencement, quoi qu'elle parût farcie de cette grosse fantaisie familière qui contribua tant, par la suite, à la popularité de Timothée Trimm.

« Malgré la sombre tradition qui lui formait une lugubre auréole, écrivait Léo Lespès, je crois que Vidocq était moins terrible que se l'imaginaient les libéraux de 1829. Nature inculte et brutale, on l'annihilait par le sang-froid et la dignité, comme on dompte les lions du désert. Un mot prononcé avec la conscience d'un homme pénétré de sa propre valeur faisait justice de son ton arrogant. Un seul fait pourrait le prouver.

« Il y a quinze ans, une jeune cantatrice de province, que Paris a applaudie, quittait son mari pour le premier ténor de la troupe; l'*élopement*, comme disent les Anglais, avait lieu à Paris, et un de nos pianistes les plus distingués, M. Alfred Quidant, se trouvait, involontairement sans doute, le confident de l'Almaviva qui enlevait Rosine.

« Vidocq, chargé de découvrir les fugitifs, envoie au pianiste une lettre sans signature, l'invitant à passer rue Neuve-Saint-Eustache, pour affaires graves qui le concernent. Il se rend à cette injonction en homme bien appris, et on le fait attendre dans un salon où les murs sont tapissés par l'écartellement de Damiens, la torture de Ravaillac, le supplice de la Mole et la décollation de saint Jean-Baptiste. L'uniformité de ces réjouissants sujets était coupée, çà et là sur les panneaux, par les portraits de M. de la Reynie, Fouché, Gisquet et Mangin, administrateurs de la police.

« Tout à coup, un gros homme, à la figure rembrunie, s'avance, et, d'un air d'autorité, interpellant l'artiste :

« — Monsieur, lui dit-il, je vous conseille de ne pas tergiverser dans vos réponses... Je suis Vidocq !

« — Vidocq? répéta avec le plus spirituel sang-froid l'auteur de la *Goélette*... Vidocq?... Connais pas !

« L'interrogateur resta atterré devant ce mépris de sa notoriété... et ne sut rien...

« — Ce bon Vidocq, disait Quidant en racontant l'aventure, il va s'adresser à un musicien pour apprendre quelque chose ! Ne sait-il pas que dans la notation de la musique... il y a des silences? »

Vidocq ne fit pas fortune dans l'exercice de la police privée. Il y était hors de son cadre habituel. Les ressources qui lui servaient, quand il s'agissait de faire la chasse aux criminels, ne pouvaient lui être d'aucune utilité dans sa nouvelle incarnation. Pourquoi n'essaya-t-il pas de reprendre le commerce de la draperie, qui lui avait réussi dans le passé? Peut-être parce qu'il avait conservé le plus mauvais souvenir de l'incident malheureux qui l'avait contraint à l'abandonner. Il dut fermer son agence. Il ne s'y était pas montré à la hauteur de sa réputation, et cela pour la raison indiquée ci-dessus. Il avait même failli voir les choses tourner du mauvais côté, à la suite de plusieurs dénonciations de gens qui se plaignaient d'avoir été escroqués. C'est un peu la coutume de ceux qui s'adressent à ces officines de se prétendre volés, quand on leur a pris leur argent sans leur rien donner en échange. Vidocq remboursa et les choses n'allèrent pas plus loin. L'homme qui avait su rester honnête dans les prisons et dans les bagnes ne pouvait pas venir s'asseoir, à la fin de son existence, sur les bancs de la police correctionnelle. Aussi, quand il mourut, il ne s'éleva pas une voix pour mettre en doute sa probité. C'était simplement un aventurier qui disparaissait. Il n'avait jamais fait de mal. Par contre, il avait fait beaucoup de bien. L'équité exigeait qu'on en convint.

Où mourut-il? On a vu que Léo Lespès annonçait qu'il venait de succomber à Paris. Cependant, les ouvrages bibliographiques le font mourir à Bruxelles. Ce qui semble établir que cette dernière assertion est exacte, c'est qu'un journal belge, le *Nord*, donnait sur sa fin des détails que l'on n'a aucune raison de supposer imaginaires.

« Quelques jours avant de tomber dans le marasme de l'agonie, disait ce journal, Vidocq eut un caprice, qui prouve que l'imagination de cette tête ardente, qui n'avait si longtemps travaillé que pour le crime, survivait aux années et à l'approche du moment suprême. Il se figurait que, nouvel Antée, il reprendrait des forces nouvelles et renaîtrait à l'existence et à la vigueur de ses premières années si, de ses pieds mourants, il pouvait fouler la terre à laquelle il retournait ! On s'empressa de satisfaire au désir manifesté par le moribond, et l'on étendit devant son lit une couche de terre. Vidocq se leva péniblement, soutenu par ceux qui le soignaient ; il étendit ses vieilles jambes d'hercule amaigri et, quand il sentit la terre sous ses pieds nus et crispés, un éclair de vie sillonna son front ; il se dressa tout debout, mais ses forces anéanties se brisèrent dans cet effort ; il retomba inerte et glacé. De ce moment, il comprit que c'en était fait de lui, et, sans conserver aucun espoir dans ce monde, il se prit à songer exclusivement au salut de son âme.

« Un sentiment mondain — si l'on peut ainsi parler — lui tenait cependant au cœur : il ambitionnait d'avoir du monde à son convoi funèbre. Il ordonna donc que l'on convoquât tous les pauvres du quartier pour suivre son cercueil, et il prit des mesures pour qu'on leur allouât trois francs

*

par tête. L'habit noir était dans ce deuil en imperceptible minorité.

« Parmi les objets curieux que laisse Vidocq dans sa succession, il y a, dit-on, une malle dans laquelle se trouvent une des plus complètes collections des décorations connues, les bracelets d'une actrice de nos théâtres, et, à ce que l'on dit, des lettres de grands personnages.

« En deux mots, voici l'histoire...

« Un homme de lettres dans l'embarras à Londres, en 1848, voyageait avec une dame. Il donna en nantissement, à un prêteur sur gages, la valise qui contenait les objets sus-mentionnés.

« Au bout d'un certain temps, n'étant point payé, et ne trouvant pas de placement avantageux à ces différents objets, le prêteur céda le tout à Vidocq, lui transportant ses droits de créance. Vidocq est mort, et les décorations, les bracelets et les lettres appartiennent à ses héritiers.

« Je ne sais si l'on fera une vente publique des objets délaissés par le défunt. Ce serait curieux. »

On n'a plus entendu parler de la malle mystérieuse et, si Vidocq a eu des héritiers, ces derniers n'ont pas cru devoir tirer profit de ce qu'elle contenait. Mais l'histoire n'était peut-être qu'une légende. Il est même à peu près certain qu'elle doit être tenue pour telle.

III

Vidocq a beaucoup écrit, ou, pour mieux dire, il a beaucoup fait écrire, car la plupart des ouvrages publiés sous son nom ne lui appartiennent pas en propre, exception faite pour quelques études consacrées à l'organisation de la police, sujet qu'il possédait et qu'il pouvait traiter sans avoir recours à une plume étrangère.

On découvre de temps à autre, dans les catalogues des libraires, l'offre d'un roman signé de Vidocq, les *Chauffeurs du Nord*, ouvrage en cinq volumes. En tête du premier se lit, comme justification du tirage, la signature de la veuve de l'ancien chef de la brigade de sûreté. On assure que cette interminable histoire a été rédigée par Auguste Vitu. C'est grand dommage pour la mémoire de ce dernier, car il serait impossible de rencontrer un récit plus lourd, plus confus, plus embrouillé. On doit croire que la tâche de Vitu consista uniquement à rassembler tant bien que mal les diverses parties du roman sorti de la plume de Vidocq, d'essayer de leur donner une apparente unité, d'en atténuer le ton, de les corriger.

Il faut du courage pour aller jusqu'au bout de cette élucubration. Néanmoins, elle n'est pas à dédaigner tout à fait. Elle contient de nombreux détails sur la vie et les mœurs du temps, sur les crimes des chauffeurs, sur leur organisation, sur l'esprit des populations flamandes. S'il est vrai que du plus mauvais livre, ou du plus médiocre, on puisse tirer quelque chose de bon, cette remarque s'applique très bien aux *Chauffeurs du Nord* de Vidocq. En ces dernières années, un roman de Frédéric Valade a paru, sous le même titre, dans une grande feuille parisienne et en librairie populaire, mais, relatant les sinistres exploits du bandit Moneuse, de qui M. Lenôtre a également parlé, il présente ce mérite d'être d'une rigoureuse exactitude dans sa partie criminelle.

Vidocq a publié, d'autre part, les *Vrais Mystères de Paris*, sujet pour lequel la documentation ne lui manquait pas, et qu'il a traité, en sept volumes, avec la collaboration d'Alfred Lucas. Enfin, il a écrit ses *Mémoires*. C'est tout ce qui restera de lui. Il paraît avéré, et quelques réticences rencontrées çà et là dans ces deux volumes en donnent la preuve, qu'il n'en a pas été l'unique rédacteur, mais lui seul pouvait en fournir la matière, qui est aussi abondante qu'intéressante.

C'est le plus prodigieux des romans, une histoire passionnante, empreinte d'un accent de vérité auquel on ne saurait se tromper. Qu'il s'y rencontre des exagérations, de la vantardise, un étalage presque continu de cette vanité puérile qui n'abandonnait jamais Eugène-François, c'est indéniable. Mais

quelle sincérité! On la taxerait volontiers d'ingé-
nuité, si le mot pouvait s'appliquer à un tel récit,
tant Vidocq raconte innocemment, et comme les
estimant naturels, les épisodes les plus scabreux
de ses années aventureuses et douloureuses. C'est
une vaste comédie, où des centaines de scènes se
succèdent, jamais semblables, toujours étonnantes.

La première partie surtout, celle qui s'achève
au moment où le héros de tant d'aventures souvent comiques, plus souvent encore dramatiques,
parvient enfin à s'évader définitivement de l'enfer
où l'a plongé une condamnation injuste, offre un
intérêt extraordinaire. C'est une époque entière
qui se montre, tout un monde qui se dévoile, les
abîmes d'une société s'éclairant brusquement. Que
de tableaux d'une tonalité intense, que de misères
évoquées, que de types inoubliables mis en lumière!

Non! ce n'est pas le plus prodigieux des romans!
C'est une suite, non interrompue, de cent romans,
et, quand on ouvre ce livre, à mesure que l'on en
tourne les pages, on se demande comment et pourquoi, au lieu d'imaginer des contes plus ou moins
heureux les feuilletonistes ne se sont pas contentés
de puiser à pleines mains dans ces richesses, de se
servir de ces réalités cent fois supérieures à toutes
les fictions. Le vieil Alexandre Dumas ne serait
pas tombé en pareille erreur, et quand il a découvert, dans les *Mystères de la Police*, de Peuchet, une

histoire tragique, il en a fait, purement et simplement, celle d'Edmond Dantès. C'est peut-être même pourquoi on lit avec tant de passion ce beau roman. Sans le savoir, on est saisi par quelque chose de très fort, de très puissant, qui s'appelle la vérité.

Il serait amusant de dresser la liste des ouvrages inspirés par Vidocq et de les analyser, en mettant à part, bien entendu, la puissante création de Balzac. Vautrin, d'ailleurs, est au-dessus de l'aventurier d'Arras. Mais ce travail serait étranger au sujet du présent livre. Néanmoins, on peut citer un roman de Paul Mahalin, écrivain bien oublié, où, un peu dénaturée, l'aventure galante de Vidocq avec une noble dame est assez heureusement utilisée. De cette passade, un fils est né, élevé à la campagne, sous un nom qui n'est pas le sien. Sa mère, qu'il ne connaît que comme marraine, le fait venir chez elle, à Paris, dans l'intention de lui assurer une carrière honorable, mais, paresseux, noceur, buveur tombé dans les filets d'une drôlesse, il assassine sa protectrice, et c'est un innocent qui est guillotiné à sa place. Vidocq, persuadé qu'une épouvantable erreur judiciaire a été commise, s'associe avec la fille du condamné pour rechercher le vrai coupable et finit par se trouver en face de son fils, qui se suicide à la minute où il va être arrêté. L'idée est bonne, mais l'exécution ne valait pas la conception. Les meilleurs passages étaient ceux où le

romancier avait fait un emprunt direct aux Mémoires du célèbre policier.

IV

Quelle conclusion faut-il donner aux pages que
l'on vient de lire? Et même est-il nécessaire de leur
donner une conclusion? On peut espérer, cependant,
que personne ne voudra leur prêter le caractère
d'une apologie, et qu'on ne leur reprochera pas
une complaisance marquée pour Eugène-François
Vidocq.

Pas davantage on ne les considérera comme
teintées de romanesque. Il eût été facile, évidemment, de remplacer le récit par l'action, de supposer des conversations, des monologues, d'analyser
des états d'âmes, et tout cela pouvait revêtir une
apparence de vérité. Placés dans des conditions
déterminées, les personnages, de qui l'on raconte
l'existence, ne peuvent tenir que certains propos,
ne peuvent accomplir que certaines actions, ne
peuvent avoir que certaines pensées. On ne pèche
donc pas absolument contre la vérité quand on ne
s'écarte pas de la vraisemblance. Ce n'est pas l'exactitude, mais on en respecte l'image.

Il a paru qu'il valait mieux se borner à raconter,
parce que, dans une telle vie, les faits se suffisent
à eux-mêmes et que la réelle physionomie de Vidocq

s'en dégage avec netteté. Quelle est-elle, cette physionomie? Elle se modifie avec les années. Elle est d'abord celle d'une tête folle, d'un franc mauvais sujet, d'un garçon incapable de discipline, cédant à toutes ses passions, à tous ses caprices, et n'ayant aucun sens de la moralité. Il ne s'en doute pas. Il ne s'en est jamais douté. Il rappelle l'enfant que montrait Sterne, se roulant sur le tapis, sans savoir qu'il offensait la pudeur, cette étrange vertu, de laquelle on a dit, peut-être avec raison, qu'elle était la mère de l'impudicité!

Plus tard, le malheur fait son œuvre. Le jeune aventurier, envoyé injustement au bagne à vingt-deux ans, est devenu un homme de douleur, mais aussi de volonté. A travers les complications les plus imprévues, sous les costumes les plus divers, dans les prisons, sous la surveillance et les coups des argousins, il ne cesse pas un instant de songer à son but et de le poursuivre. Il veut être libre et vivre honnêtement. Jamais il ne s'écarte du chemin qu'il s'est fixé, et qu'il suit, sans défaillance, pendant douze années. Toutes les fautes, toutes les folies que l'on peut lui reprocher, s'effacent devant ce superbe effort, accompli dans des conditions terribles, dans la crainte perpétuelle d'une surprise, d'une dénonciation, d'une trahison.

S'imagine-t-on ce que peut être l'existence d'un malheureux qui, même la nuit, n'est jamais tranquille, que le moindre bruit fait trembler, qui n'est

pas sûr de ne pas rencontrer au coin de la prochaine
-rue le gendarme qui lui mettra la main sur l'épaule?
C'est à cela qu'il faut penser si l'on veut juger avec
équité cet Eugène-François Vidocq, qui fut si cruellement puni pour n'avoir pas su profiter des bons
conseils qui lui avaient été donnés, certain jour,
sur la vieille place d'Armes d'Arras, par son jeune
et grave voisin, M. de Robespierre.

Saint-Cirq-Bel-Arbre, mars-avril 1928.

TABLE DES MATIÈRES

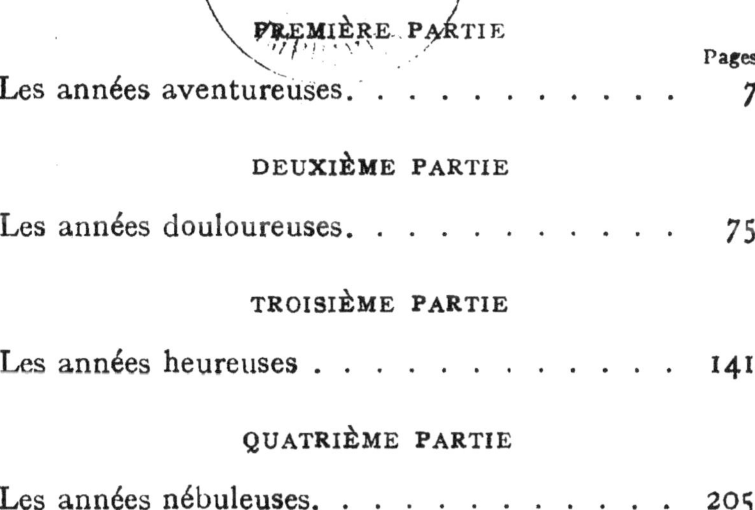

IMPRIMERIE BERGER-LEVRAULT, NANCY-PARIS-STRASBOURG — 1928